世界を動かす巨人たち
〈経済人編〉

池上 彰
Ikegami Akira

a pilot of wisdom

はじめに

世界が大きく変わってきています。少し前まで、買い物といえば、実際にスーパーマーケットやデパートに行くことでした。いまや多くの人がインターネットで買い物をしています。ネットショッピングが激増し、ヤマト運輸など宅配業者各社は引き受けた荷物の処理が限界に達してしまいました。

ネットショッピングが、ここまで拡大することを、中国の経営の天才ジャック・マーは、どこまで見通していたのでしょうか。そしてアマゾン創業者のジェフ・ベゾスやいかに。

書籍のネット販売から始めたアマゾンは、あらゆるジャンルの商品を扱うようになり、アマゾン帝国と呼ばれるまでになりました。では、ベゾスはなぜ書籍の販売から始めたのでしょうか。そこには、彼なりの緻密な計算がありました。

それを支えたのが、アメリカの投資家たちでした。当初は海のものとも山のものともわからない事業に惜しみなく資金を投じる。その結果、事業が成功を収めると、投資した以上の資金を回収できる。これがアメリカ経済の力強さです。

事業のアイデアを得たら、せっかく入学した有名大学だって飛び出して事業を展開する。この思い切りの良さが、IT関係の経済人たちの成功の秘密です。それによって、彼らは巨万の富を得ましたが、私たちの暮らしも劇的に変えたのです。

私たちの生活を大きく変えたことを思うと、彼らが大富豪になろうと、反感を持つ気にはなりません。ただただ感心するばかりです。

前作『世界を動かす巨人たち〈政治家編〉』は幸い多くの方に読んでいただけました。しかし、世界を動かす人々は政治家に限りません。経済界には、それ以上の多彩な人材がひしめいています。そこで、本作ではそうした経済人に注目してみます。

時代の寵児《ちょうじ》となった彼らは、どのような幼少期や青年時代を過ごしてきたのか。彼らの性格は、どのように形成されたのか。そんなことにも注意を払いながら、本書をお読みいただけると幸いです。

目次

第二章　ルパート・マードック——

テレビ朝日買収で名乗りを上げる
オーストラリアの地方紙から始まった
全国紙「オーストラリアン」創刊
イギリスへ進出
セックス路線で部数拡大
遂にアメリカに殴り込み
部数が増えても広告収入は増えない
「タイムズ」を買収という衝撃
映画とテレビに進出
アメリカの放送局買収のために帰化
印刷工の労働組合と対決
ライバル、マクスウェルとの死闘
欧州やアジアの衛星テレビに進出
「タブロイド版」テレビで成功

ＦＯＸニュース設立で米政治に影響力
「ウォール・ストリート・ジャーナル」も買収
盗聴スキャンダルで廃刊も
保守派か風見鶏か

第三章　ウォーレン・バフェット

「オマハの賢人」
幼いころからビジネスに精を出す
『賢明なる投資家』に学ぶ
希望かなってニューヨークへ
再びオマハへ
繊維会社を投資会社に
ベトナム戦争に反対
気に入った会社に投資する原則を貫く
日本にも注目

第四章　ビル・ゲイツ —— 103

第五章 ジェフ・ベゾス――127

第六章　ドナルド・トランプ――151

「肩こりは幽霊のせい」?
グーグル検索上位への争い
グーグルで出てこないと「存在しない」
同じような教育を受けた
二人の天才が出会った
エンジェル投資家が資金を提供
綴りの間違いからグーグルに?
「邪悪になるな」
自由で快適なオフィス
画期的な技術を開発
まるで広告代理店
「グーグルニュース」を開始
ネット上のあらゆる情報を収集
自動車メーカーはグーグルの下請けに?
中国市場から撤退を決断

あらゆる情報を無料で提供する
なぜアメリカでしか生まれないのか

第九章　コーク兄弟

チャールズ・コーク、デビッド・コーク

トランプ大統領を挫折に追い込む
トランプ大統領と対立する兄弟
「共産主義嫌い」の父親に育てられた
次男チャールズ、事業を拡大
環境破壊で問題を引き起こす
世論を動かすための戦略を構築
ティーパーティー運動始まる
「草の根」ではなく「人工芝」

本書中のドルから円への換算は、二〇一七年五月の月間平均レート（一ドル＝一一二円二六銭）にもとづいて行いました。

章扉デザイン／ＭＯＴＨＥＲ

第一章
ジャック・マー

「中国版・楽天」の若き創業者は、
世界をいかに変えようとしているのか？

写真提供　ユニフォトプレス

第一章で取り上げるのは、中国の若き風雲児ジャック・マー（馬雲）です。

一九九九年に自らのアパートの一室で創業したインターネット商取引の「アリババ」は、いまや巨大な企業に発展。毎日、一億人を超えるバイヤーがアリババのサイトを訪れ、中国では一四〇〇万人に直接的または間接的に仕事を提供しています。世界全体では五三四〇万以上の会員を保有しています。一八人から始めた会社が、いまでは三万人の社員を抱えるまでに成長したのです。まさに世界を動かしています。

アリババはよく「中国版の楽天」とも称されますが、その発展のテンポは恐るべきものです。

中国の改革・開放と共に成長してきた企業の軌跡を追うことにしましょう。

ニューヨーク証券取引所に上場

二〇一四年九月、ニューヨーク証券取引所に中国の「アリババ・グループ・ホールディング」（阿里巴巴集団）の株が上場されました。公開価格は一株六八ドルでしたが、人気を呼んで価格は急上昇。初日は九三・八九ドルで取引を終えました。調達額は二一八億ドル（当時の日本円で約二兆三八〇〇億円）。これはアメリカの証券史上最大の金額です。

上場で公開された株は全体の一部ですから、売買価格に発行済み株式数を掛け合わせますと、時価総額は二三一四億ドルの巨大企業です。ジャック・マーは中国一の資産家となりました。

実はアリババ・グループのこの時点での筆頭株主はソフトバンク。ソフトバンクの孫正義社長は、早くからアリババの可能性に気づき、投資していたのです。ジャック・マーも孫正義も先見の明があったのです。

成績悪く受験に二度失敗

ジャック・マーは一九六四年九月一〇日、浙江省《せっこうしょう》杭州《こうしゅう》市で生まれました。その二年後には文化大革命が始まります。文化大革命は、権力を失いかけた毛沢東《もうたくとう》の奪権闘争でした。紅衛兵《こうえいへい》と呼ばれた若者たちが、毛沢東から「造反有理」（反乱には道理がある）とけしかけられ、「革命」の名のもとに勝手気ままに暴れ回っていました。ジャック・マーの祖父も、このときひどい目に遭ったといいます。

インターネットの成長と共に発展してきたアリババですから、ジャック・マーは、さぞかし理系に強いだろうと思っていたら、実は成績が悪かったというのです。とりわけ数学の成績がひどく、大学入試は二度失敗しています。

このため、一度は大学進学を諦めますが、転機は『人生』（路遥著）という一冊の本との出合いだったそうです。挫折を乗り越えた者こそ人の上に立てるというこの本に啓発され、奮起します。英語はできたことから、一九八四年、杭州師範学院（現在の杭州師範大学）外国語学部英語科に合格します。

師範学院とは、学校の教師を養成する大学。日本の教育大学に相当します。

このとき実はジャック・マーの成績は、本来の合格点に達しなかったものの、定員割れを起こしていたために合格できたと言われています。

彼が英語ができたのは、子どものころからの独学の成果です。一三歳くらいのころ、英語に興味を持ったものの、学校の授業以外で英語を学ぶ場所がないため、同じ杭州市内のシャングリ・ラ・ホテルに九年間通いつめ、外国人観光客のための無料のツアーガイドを買って出て、実践的に会話を習ったそうです。それが、ネイティブのような発音の理由です。

彼が「ジャック・マー」と呼ばれるようになったのも、このころです。観光客として来てペンフレンドになった女性から、「英語の名前はないのか」と聞かれ、そんなものはないから、いい名前をつけてくれと頼んだところ、彼女の父も夫もジャックなので、ジャックがいいのではないかと言われ、「ジャック・マー」となったといいます。

就職試験でも失敗の連続？

一九八八年に杭州師範学院を卒業しますが、今度は就職試験に何回も落ちたと、マーは述懐しています（「世界経済フォーラム二〇一五」での発言）。就職活動はうまくいかず、警察官の試験では五人のうち四人が合格し、マーだけが落ちたとか。ケンタッキーフライドチキンの入社試験では二四人が受験し、マーだけが落ちたとも言っています。

世界経済フォーラム二〇一五では、「ハーバード大学も一〇回受けて一〇回とも落ちた」とも発言し、会場の笑いを取っています。ここまでくると、会場受けを狙った誇張ではないかと思えてしまい、真偽は不明です。少なくともサービス精神が旺盛な人であることはわかります。

師範学院を卒業すると、すぐに杭州電子工業大学（現在の杭州電子科技大学）の講師として英語と国際貿易を教えます。師範学院を卒業した五〇〇人あまりのうち、マーだけが大学に配属され、他の卒業生はみんな中学校か高校に配属されていますから、マーが優秀だったことがわかります。それだけに、就職活動に失敗した話は眉唾に聞こえるのです。

マーは二〇〇四年、母校での講演会で、アリババを設立したのは金儲《かねもう》けのためだけではないと強調しています。

「ぼくがアリババを作ったのは金儲けのためだけじゃなくてね、今後、学生に教えられるような経験をたくさんするためだ」「二〇年後、このジャック・マーはまだ壇上で教えられるだけのものを持っているのか、と考えたんだ。大学生が勉強するのは本に書かれたことだけじゃないだろう？　社会のことも勉強する。だからぼくの起業が成功するかどうかは別として、この先ぼくがまた教壇に立ったときに、少なくともほかの先生よりは社会経験があると言えることになるだろうと思ったのさ」（王利芬ほか著、鄭重ほか訳『Alibaba アリババの野望』）

アメリカ出張が転機に

大学で教える傍ら、一九九二年、友人と共に翻訳会社を設立します。その名は「海博《ハイボー》翻訳社」。「海博」は英語のＨＯＰＥの発音の当て字でした。当時の中国は、鄧小平《とうしようへい》による改革・開放政策によって、海外との取引が盛んになりつつありました。それまでの鎖国政策の結果、英語ができない国民が多かっただけに、翻訳会社の起業は、なかなか先見の明がありました。

とはいえ、軌道に乗るまでには三年かかったといいます。ようやく世間に知られるようになった結果、一九九五年、転機が訪れます。

当時の杭州市は高速道路の建設計画を進めていましたが、事業に関与したアメリカの投資会社との契約がうまくいっていませんでした。杭州市は、英語に堪能なマーに対し、アメリカで問題の会社と交渉するように依頼したのです。

交渉は不調に終わりましたが、同僚の娘婿がシアトルでインターネットの会社を共同経営していることを聞き、シアトルに足を延ばします。これが彼の人生を変えました。インターネットという業界を初めて知ったのです。

それまでパソコンの使い方も知らなかった彼は、その会社の経営者に促されて、おそるおそるキーボードに触ります。「なんでもいいから検索してみろ」と言われ、最初は「ビール」と入力したそうです。いくつもの情報が見つかります。次にマーは、「中国」をキーワード検索します。なんと結果はゼロ。当時、中国でインターネットを使いこなしている者も組織もなく、世界中のインターネット空間に、「中国」は存在していなかったのです。

中国の情報がゼロだったから

初めてインターネットを使ってみたら、「中国」の情報が皆無だった。さて、あなたが中国人だったら、どうしたでしょうか。「中国はまだインターネットの時代ではないな」と関心を失う。そんな人が多いのではないでしょうか。少なくとも私なら、そういう対応をしたはずです。しかし、マーは違いました。中国に関するウェブサイトの開設を頼んだのです。中国の情報が皆無なら、自分で中国の情報を発信しよう。これが、常人と異なる点でした。

午前九時四〇分にウェブサイトを立ち上げたところ、その日の昼までに早くも五件の問い合わせがEメールで届きました。

マーは、知人の経営者に「Eメールが届いた」と知らされても、「Eメールって何？」と問い返したそうです。まだそんなレベルだったのですね。

そのEメールには、「あなたはどこにいるのですか？」「協力して新しいビジネスを始めませんか?」などと書かれていたそうです。

これは面白い。ここから馬雲という若者は、ジャック・マーとして世界に知られるようになっていくのです。

「中国イエローページ」を開設

アメリカから帰国した日の夜、マーは友人二四人を集め、インターネット事業の可能性を説き、一緒に起業しようと呼びかけます。この素早さ。しかし、可能性を感じてくれたのは一人だけでした。それでもマーは諦めず、一週間で開業に必要な二万元(当時の日本円で二〇万円)をかき集め、一九九五年五月九日、賛同してくれた友人一人と妻の張瑛との計三人でインターネット事業を始めます。「中国イエローページ(黄頁)」の誕生でした。

この事業モデルは、中国国内の企業と契約を結び、企業が宣伝したい内容を英語に翻訳してネット上に掲載、手数料を受け取る、というものでした。

実際の作業は、中国国内の企業から資料を受け取り、それを海博翻訳社が英語に翻訳して、ＥＭＳ（国際スピード郵便）でアメリカに送ります。アメリカの提携先の会社が、それをウェブサイトに掲載。それを印刷して中国に送り、マーは印刷物を取引先の企業に見せて手数料を取る、というものでした。当時、中国ではインターネットの画面を見ることができなかったため、プリントアウトして郵送するという、極めてアナログな方法を取ったのです。

とはいえ、中国国内の企業の多くは、インターネットの存在を知らなかったため、マーは詐欺師扱いされたこともあるそうです。

ところが幸いなことに、マーが「中国イエローページ」を始めてから三カ月後の一九九五年八月、中国政府当局から許可が下りて、上海《シャンハイ》に中国大陸では初めてとなるインターネット回線が開通しました。当時は電話回線を使ってインターネットに接続するというレベルでしたが、これにより、マーは顧客にウェブサイトに掲載された企業のホームページを見せることができるようになり、事業は飛躍的に発展します。

当初はアメリカの提携先企業にウェブサイトへの掲載を依頼していましたが、これでは収益がほとんど期待できませんでした。そこで一九九六年からは、自社でウェブサイトを作り始めます。これにより、ネット事業はドル箱（「元箱」と言うべきか）となっていきます。

杭州電信との「結婚」と「離婚」

先進的な企業が開拓した事業が利益を上げるようになると、追随するライバルが現れます。しかも、それが資本力ではるかに強いと、困ったことになります。杭州電信という国営企業が市場の独占を狙って参入してきたのです。マーの会社設立の資本金はわずか二万元でしたが、杭州電信は二億四〇〇〇万元でした。スケールが違いすぎます。

しばらくは激しい競争を繰り広げますが、結局、マーの会社は一九九六年、杭州電信と合併。杭州電信が株式の七〇パーセントを保有し、マーが三〇パーセントを保有しました。

しかし、これではマーに決定権はありません。まもなく限界を感じたマーは、合併企業を辞職。海博翻訳社をインターネットの企業に衣替えして出直すことにしました。この決断と変わり身の早さ。これがマーの成功の秘密のひとつでしょう。

事業の成功を見た中国政府から、マーは勧誘を受けます。中国国際電子商取引センターの部長職でした。彼はこのオファーを受け入れ、杭州市から北京《ペキン》に移り、中国政府の電子商取引のシステムを構築します。

ところが、ここでもマーの意向と上層部の意見が対立します。上層部は、大型国有企業だけを対象に、閉鎖的なウェブサイトを作ることを求めてきます。一方、マーは、中小企業や民間企業をサポートすべきだと考えていました。かくしてマーは、さっさと職を辞し、杭州市に帰ってしまいます。

マーが北京に移ったとき、部下八人を引き連れていきました。職を辞すると決意したとき、マーは部下たちに、このまま安定した職に留《とど》まることもできる。もし自分と行動を共にして杭州に戻ったら、不安定で安月給しか約束できないと告げるのですが、全員がマーと行動を共にします。

マーは新たな起業というリスクを取りましたが、部下たちも敢《あ》えてリスクを取ったのです。起業について、マーは、起業志望の若者に、こう語っています。

「ぼくがよく見るのは、かなり優秀な若者でも、夜のあいだはこれもしたいあれもしたいと考えているけど、朝起きればまたいつもと同じ事をやってる、というケースだ。夜寝るときには、明日はこれこれをやってやる、と思っていても、次の日の朝はまたいつも通り、なんにもしない。ぼくに言わせれば、行動しなかったら、自分の夢に実現のチャンスを与えなかったら、いつまでもボンクラのままで終わりだよ。だから、ぼくはとりあえず起業してみたんだ」（前掲『Alibaba アリババの野望』）

「とりあえず起業してみた」。とにかく一歩踏み出してみなければ、何も始まらない。これが起業で成功するための第一歩です。

「アリババ」を起業

一九九九年、マーは自分のチームを率いて杭州に戻ります。新たな起業をするにもオフィスビルを借りる資金がないため、彼のアパート「湖畔花園」の一室で仕事を始めます。こうして「アリババ」が誕生するのです。

そもそもアリババとは、どんなものなのか。北京を去る直前、彼と部下たちは、初めて万里の長城に遊びに行きます。ここで新規事業のアイデアが閃《ひらめ》きます。
「長城のどのレンガにも、誰々参上とか、誰々が遊びに来た、とかいった文句が書いてあって、ぼくは、これこそ中国最古の電子掲示板だと思った」「アリババは元々、要するに電子掲示板だったんだ。そこに、誰もが買いたいものや売りたいものを載っけることができるようにした」（同前）

なるほど、アリババは誰もが商品を売買できる電子掲示板なのですね。

それにしても、なぜ「アリババ」という名前なのか。マーは、世界中で通用する社名にしたいと考えました。誰もが知っている名前は何か。たまたま滞在していたアメリカのサンフランシスコで「アリババ」という名前を思いつきます。カフェでコーヒーを運んできたウェイトレスに「アリババという言葉を知っていますか？」と尋ねると、即座に「開けゴマ！」という話ですよね、という返事が返ってきました。これはいける。マーはさらに街頭に出て、通行人に無作為にアリババについて聞くと、全員が知っていました。この行動力。

しかも、当時のインターネットの検索は、まだグーグルがなく、検索結果はアルファベット順に表示されました。アリババという名前はAで始まる。多くの利用者を集めるには好都合でした。これは、アメリカのジェフ・ベゾスが「アマゾン」という名前の会社を始めるときにも考慮した条件でした。

ソフトバンクの孫正義が投資

事業を始めるには資金が必要。起業資金は社員たちが出しました。そのときマーは、社員たちに、次のように言ったといいます。

「現在、みんなはそれぞれ飯を食うぐらいの金は貯《た》めていると思う。それを全部出してくれないか」「立ち上げ資金は必ず『ポケットマネー』からじゃなくちゃいけない。家族や友人に借りたりするものじゃない。なぜなら失敗するリスクが大きいからだ。俺たちは『最悪の事態』に備えておかなくてはならない」（張剛著、永井麻生子ほか訳『アリババ帝国』）

これぞ背水の陣でしょう。

アリババを始めた当時、事業の将来性を理解できる投資家は少なく、アリババは資金調達に苦労します。最初に投資を決めたのは、アメリカの大手投資銀行ゴールドマン・サックスでした。一九九九年一〇月、アリババは五〇〇万ドルの資金を獲得できました。

その直後、マーに会いたいとやってきた人物がいました。それがソフトバンクの孫正義でした。北京に移動したマーは、そこで孫に会います。孫は、マーから事業の説明を受けますが、わずか六分後、四〇〇〇万ドルを出資しようと提案します。孫は、マーの会社を見たこともなかったのに、その将来性に気づいたのです。

優れた者同士、互いに相手の能力を見ることができたのでしょう。

当時、マーはゴールドマン・サックスから資金を調達したばかりだったこともあり、こんなに多額の投資はいらないと、投資金額を引き下げてほしいという前代未聞の交渉を行います。事業開始直後は、いくらでも資金が欲しいもの。でもマーは、ソフトバンクの投資額が大きいと、発言権が強くなりすぎると心配したのです。最終的に、投資額は二〇〇〇万ドルに落ち着きました。

孫の投資は、アリババが二〇一四年、ニューヨーク証券取引所に上場したことで報われます。この時点でソフトバンクの含み益は八兆円近くに達したのです。

その後、ソフトバンクは二〇一六年六月になって、アリババ株の一部を売却。新たな投資への資金源としました。

「自分が変われば世界が変わる」

ソフトバンクに多額の利益をもたらしながら、アリババはその後も発展。ネット上の決済システムである「アリペイ」など数多くの事業を展開しています。

これからジャック・マーは、どこへ進もうとしているのか。彼は、こう語っています。

「数年前まで、私は世界を変えたいと思っていました。でも今は違います。もっと良い方向に変えていかなければならないのは、私たち自身だと感じています。まず私たち自身が変われば、世界は変わる。そのほうが簡単でしょう?

私は世界をより良い方向に改善したいと思っています。私の会社の若い社員たちはきっと喜ぶだろうと。若い社員たちが喜びを感じていれば、お客様にも喜んで頂けるだろう。

スモールビジネスを営む方々に喜んで頂けたら、私たちは幸せです」（「世界経済フォーラム二〇一五」での発言）

第二章

ルパート・マードック

稀代のメディア王は、
なぜ体制側につこうとするのか?

写真提供　ユニフォトプレス

一九九七年に公開された映画で人気シリーズ「007」の『トゥモロー・ネバー・ダイ』には、中国とイギリスの間に戦争を引き起こすべく暗躍するメディア王が登場します。戦争をテレビ中継できれば大きな利益が得られるからです。

ここに登場するメディア王エリオット・カーヴァーは、もちろん架空の存在ですが、実在のメディア王ルパート・マードックがモデルにされていることは公然の秘密です。

メディアの利益のためなら戦争も利用する。これは、まさにルパート・マードックが実践してきたことです。父親からオーストラリアの小さな新聞社を引き継いだマードックは、一代にして、世界に冠たる一大メディア王国を築きました。彼が率いる新聞やテレビは、徹底的な大衆迎合路線で保守的な論調を展開してきました。まさに世界を動かしているのです。

テレビ朝日買収で名乗りを上げる

ルパート・マードックの名が日本で広く知られるようになったきっかけは、一九九六年六月、自身の会社ニューズ・コーポレーションと、孫正義率いるソフトバンクの合弁で設立した会社が、テレビ朝日の筆頭株主に躍り出たことです。

いまでこそ朝日新聞社が大株主のテレビ朝日ですが、そもそもはテレビ業界に進出を目《もく》論《ろ》んだ東映と旺文社、日本経済新聞社が出資して設立した「日本教育テレビ」（NETテレビ）でした。営利目的の教育テレビ局として発足しましたが、経営的に苦戦。一九七三年に総合テレビ局に転換し、朝日新聞社の傘下に入りました。

それでも設立当時のいきさつから株主は旺文社が一位で、東映、朝日新聞社の順でした。この旺文社が所有する二一・四パーセントの全株を合弁会社が買い取ったのです。

放送局の買収といえば、ホリエモンこと堀江貴文が率いるライブドアが、二〇〇五年二月、当時フジテレビの親会社だったラジオ局のニッポン放送の株を過半数取得しようとして、騒動になったことがありますが、それより前に、大がかりな買収劇があったのです。世界のメディア買収を進めてきたマードックが、遂《つい》に日本に進出する。日本の放送業界は警戒を強めます。ましてニューズ・コーポレーションは外資。「日本の放送局が外資に乗っ取られる」という騒動になります。

結局、一九九七年三月、当時三位だった朝日新聞社が合弁会社の保有株すべてを買い取ることで妥協が成立。朝日新聞社がテレビ朝日の筆頭株主となりました。朝日新聞社によるテレビ朝日支配が強化されるきっかけとなったのです。

ただし、現在はテレビ朝日も朝日新聞社の大株主となって立場が強くなり、朝日新聞社の影響力は相対的に減少しています。

マードックのニューズ・コーポレーションは、日本の地上波テレビへの進出はなりませんでしたが、その後、ＣＳ放送に進出を果たしています。

オーストラリアの地方紙から始まった

現在はアメリカ国籍のキース・ルパート・マードックは、もとはオーストラリア国籍です。一九三一年三月、オーストラリアのメルボルンで生まれました。祖父母はスコットランドからの移民で、父親は地方新聞四社を所有する経営者でした。

一九五〇年、イギリスのオックスフォード大学ウースター・カレッジに留学、経済学を学びます。大学時代は左派の労働党の思想に傾倒。「レッド・ルパート」（アカのルパート）と呼ばれました。若いころは左派で、長じて右派に転向する。これは読売新聞社の渡邉《わたなべ》恒雄、日本テレビの氏家齊一郎《せいいちろう》両氏が東京大学の学生時代、日本共産党の活動家だったことを彷彿《ほうふつ》させます。

イギリスでは「デイリー・エクスプレス」紙で見習いをしています。新聞社の仕事を、このとき基礎から学んだといいます。

一九五二年、父が急死し、マードックはオーストラリアに呼び戻され、翌年に父が所有していたアデレードという都市の地方紙「ニューズ」と「サンデー・メール」の二紙の経営を引き継ぎます。このときマードックは、まだ二二歳でした。「ニューズ」は夕刊紙。「サンデー・メール」は名前の通り日曜日だけの新聞です。

アデレードは、当時シドニー、メルボルンに次いで人口三位の都市。と言っても、人口は五〇万人でした。

彼はここで猛烈に働きます。新聞の見出しから論調まで、徹底的に大衆化路線に舵《かじ》を切ります。二二歳の若者の仕事に周囲は懐疑的でしたが、着実に部数を伸ばす実績を上げると、この若者に一目置くようになります。

彼は、この時点から新聞社の買収を始めます。最初の標的は、同じアデレード市にあったライバルの日刊紙「アドバタイザー」でした。これを買収し、「サンデー・メール」と合併させたのです。

さらに「ニューズ」を中心に持ち株会社「ニューズ・リミテッド」を設立し、他の新聞社の買収へと乗り出します。

彼の野心は、ここから全開。アデレードからはるか離れたオーストラリア西海岸の都市パースにある「サンデー・タイムズ」を買収します。一九五六年のことでした。買収資金はアデレードの「ニューズ」を担保にして調達します。

いったん買収すると、毎週金曜日には飛行機でパースにやってきて、社内をチェック。

編集スタッフの多くを解雇して、自己流の編集を始めます。要するに派手で大胆な見出しをつけることで、読者の関心を引き付けるというものでした。読者の「関心」というよりは「歓心」を買う、と言ったほうが適切かもしれません。徹底した大衆化路線にしたのです。

これにより、部数は激増。赤字経営は黒字に転換しました。マードック二五歳のときでした。

さらに彼はテレビの世界にも進出。アデレードに「第九チャンネル」を開局。一年も経《た》たないうちに多額の収益を上げるようになります。これが、マードックの次の跳躍の資金源となるのです。

次いで彼はオーストラリア最大の都市シドニーへの進出を果たします。赤字経営のタブロイド判新聞「ミラー」を買収したのです。

イギリスには大部数を誇る大衆紙「デイリー・ミラー」があります。学生時代にこの新聞を愛読していたマードックは、この新聞をモデルに、「ミラー」を刷新します。

ちなみに「タブロイド」とは、日本の一般紙より一回り小ぶりで縦長の判型です。日本の夕刊紙「夕刊フジ」や「日刊ゲンダイ」のサイズです。欧米で「タブロイド」というと、読者の興味をそそる煽情的《せんじょうてき》な紙面の新聞というイメージがあります。

全国紙「オーストラリアン」創刊

当時オーストラリアには全国紙が存在しませんでした。オーストラリア自体、地方都市の集合体のような状態だったのです。そこでマードックは、全国紙の創刊を思いつきます。アメリカの「ニューヨーク・タイムズ」や経済紙「ウォール・ストリート・ジャーナル」のような新聞を作りたかったのです。

こうして、これまでの収益を元に、全国紙を始めます。名前は「オーストラリアン」にしました。この新聞は、「ルパート・マードックのもうひとつの顔」と呼ばれます。これまでの大衆路線とは一線を画し、政治・経済ニュースを中心に報道する高級紙だったからです。

当然のことながら、この路線ではすぐに利益が出るわけではなく、経営が軌道に乗るまでは、それから一五年もかかりましたが、マードックはじっと我慢したのです。

オーストラリアで影響力のある存在となった「オーストラリアン」は、一九七二年の総選挙では左派・労働党のゴフ・ウィットラムを支持し、政権獲得を支援しますが、一九七四年の総選挙では、一転ウィットラム首相批判に回ります。「オーストラリアン」ばかりでなくマードックが所有するすべての新聞が反ウィットラムに転じ、ウィットラムは翌年政権を失います。オーストラリアの政治に大きな影響力を確立したのです。

彼は、なぜ新聞事業に魅力を感じているのか。インタビューに答えて、こう語っています。

「私は、新聞に興奮させる要素と力があることを感じました。むきだしの力ではなく、少なくともそのときの世論に影響を及ぼすことができるような力です」「また私はビジネスとしての新聞経営よりも、つねにその内容のほう、つまり毎日の政治状況や、ことばを通して人びととコミュニケーションをもつスリルのほうに興味がありました。ですからニュースや意見を人びとに伝えたり、ほかの人びとの意見を仲介したりするということには、いまでも大きな魅力を感じています。そこには単なる娯楽の提供にとどまらない、大きな喜びがあるのです」（ジェローム・トッチリー著、仙名紀訳『マードック』）

イギリスへ進出

かつて青春時代を過ごしたイギリスに進出し、当時愛読していた「デイリー・ミラー」を買収したい。野望に燃えた若者は、イギリスへ居を移します。

ところが、イギリスでの最初の買収は、別の新聞でした。当時六〇〇万部もの発行部数を誇っていた日曜版のタブロイド紙「ニューズ・オブ・ザ・ワールド」だったのです。

ここは大株主が二人いましたが、所有株数が二番目の株主が持ち株を売りたいと考えたとき、買収に名乗りを上げたのは、チェコスロバキアからの移民でメディア界の大物となっていたロバート・マクスウェルでした。

これに危機感を抱いたのが、筆頭株主でした。彼は、外国出身者への売却に反対で、左派思想の持ち主のマクスウェルに買収されてしまったら、自分の嫌いな左派新聞になってしまうと気を揉《も》んでいました。

そこに登場したのが、マードック。マードックも外国人ではありましたが、イギリス連邦のオーストラリア人です。思想も、このころのマードックは右派になっていたので安心できる。というわけで、マードックの勝利。「ニューズ・オブ・ザ・ワールド」の買収に成功します。

この新聞は莫大《ばくだい》な利益を上げてくれますが、日曜版ですから、印刷工場の稼働は週に一日だけ。六日は休んでいました。マードックには、これが我慢できませんでした。日刊紙も手に入れられれば、効率的な経営ができる。こうして日刊紙の物色を始めます。

マードックの望みは「デイリー・ミラー」でしたが、この新聞は売りに出ません。代わって出てきたのが、「デイリー・ミラー」のライバル「サン」でした。

セックス路線で部数拡大

経営不振に陥っていた「サン」の親会社が、この新聞を売りに出そうとしたとき、買収に名乗りを上げたのは、再びマクスウェルとマードックでした。

マクスウェルは、発行部数の削減とリストラによる経営再建を考えました。これに対して、「サン」の労働組合は、マードックならリストラをせずに経営を立て直してくれると考え、マードックを推薦します。やがて労働組合は、マードックによって痛い目に遭うのですが、それはまだ先の話でした。

かくして、マードックはイギリスの大衆紙を入手できました。望みの「デイリー・ミラー」ではありませんでしたが、「サン」の編集内容を劇的に変更することで、「デイリー・ミラー」を部数で追い抜くのです。

「サン」は、マードックに買収されたことによって、セックス路線に走ります。官能小説を連載し、第三面にはトップレスの女性の写真を連日掲載するという、前代未聞の紙面づくりを展開します。殺人事件もセンセーショナルに報道。イギリスの大衆紙のスキャンダル路線はよく知られていますが、それはマードックが道を開いたのです。

遂にアメリカに殴り込み

オーストラリアからイギリスへ。それぞれの国内でメディアを次々に買収すると、野心の先は、アメリカに向かいます。テキサス州の地方紙の買収が手始めとなりますが、目標は、アメリカでも全国紙を創刊することです。アメリカを代表するタブロイド判週刊紙「ナショナル・エンクワイアラー」をモデルに一九七四年、「ナショナル・スター」を創刊します。

しかし、勝手の違うアメリカでは苦戦します。同紙は赤字を垂れ流したのです。それでもマードックは諦めません。他の新聞でたっぷり収益を上げていますから、赤字を出しても耐えられたのです。

その後、紙名を単に「スター」と変え、白黒印刷からカラー印刷に変更。マードック流の紙面づくりをマスターしている編集者をオーストラリアから連れてくることで、遂に「スター」もドル箱に変身します。アメリカのスーパーマーケットのレジの横に並ぶ週刊紙となっています。紙面は芸能人の結婚や離婚などのゴシップ記事が満載です。

マードックは、次にニューヨークの新聞を買収できないか物色します。見つかったのはタブロイド紙「ニューヨーク・ポスト」でした。

「ニューヨーク・ポスト」は一八〇一年に創刊されたアメリカ最古の日刊紙です。所有者は熱心な民主党支持者で、同紙はリベラルな編集方針を取ってきましたが、工場や機械は老朽化し、大幅な赤字を出すようになっていました。

マードックは、莫大な赤字（年間一〇〇万ドルとも一〇〇〇万ドルとも諸説あり）を出している同紙を、三二五〇万ドルという高額で買収しました。一九七六年のことでした。マードックはそのとき、「今回のことでは、カネをかけすぎたかもしれない。しかしこれは、私の人生において賭けるべきチャンスだったんだ」（前掲『マードック』）と語っていたそうです。

オーストラリアの地方紙のオーナーが、いまやアメリカ第一の都会で、アメリカ最古の新聞のオーナーという名誉ある立場に立ったのです。

「ニューヨーク・ポスト」は、マードックに買収されても、しばらくは紙面の変化が目立ちませんでした。しかし翌年になると、有名人のゴシップ記事が目立ち始め、見出しが大きくなり、スポーツ面が拡充され、競馬情報が増えました。

と同時に社説は、それまでのリベラルな論調から一転、あからさまに右寄りのタブロイドとなりました。古くからの読者の中には怒って読むのをやめる人も出てきましたが、それ以上の新たな読者を獲得したのです。

部数が増えても広告収入は増えない

しかし、マードックには誤算だったことがあります。部数は増えましたが、広告収入は増えなかったからです。

アメリカの新聞は、一部あたりの値段が低く、広告収入で利益を上げるという構造になっていました。しかし、紙面の内容が煽情的になってくると、新聞の主な広告主だったデパートが広告を出してくれなくなったのです。部数が増えれば増えるほど赤字が増大するという悪循環に陥ります。

一九八八年、遂にいったん売却を余儀なくされますが、その時点で「ニューヨーク・ポスト」は年間一三〇〇万ドルの損失を出し、累積赤字は一億五〇〇〇万ドルに達していました。

「タイムズ」を買収という衝撃

私がマードックの名前を強く意識したのは、一九八一年のことでした。イギリスの高級紙として知られる「タイムズ」と「サンデー・タイムズ」をマードックが買収したというニュースでした。

それまでマードックが、買収した新聞の紙面を大衆迎合路線に切り替えることで部数を拡大してきたことは知っていました。もしイギリスの良心と言われてきた高級紙「タイムズ」を買収したら、いったいどのようなことになるのかと、愕然《がくぜん》としたからです。

それまで「タイムズ」は、マードックを批判したり、揶揄《やゆ》したりする記事や論評を掲載してきました。これがマードックにとっては癪《しゃく》の種でした。「タイムズ」を買収してしまえば、批判されることはなくなるのです。

「タイムズ」は月曜日から土曜日まで発行の日刊紙。「サンデー・タイムズ」は、その日曜版ですが、編集部は全く別で、編集方針にも違いがありました。

当時の「タイムズ」と「サンデー・タイムズ」は、裕福なカナダ人が経営する会社の傘下にありましたが、労働組合との争議が相次ぎ、経営難に陥っていました。ここに目をつけたマードックが買収を持ちかけたのです。

買収に当たって、マードックが約束したのは、一九六年間続いてきた「タイムズ」の論調や格調を貶《おとし》めるようなことはしない、つまり「高級紙を低俗紙にするつもりはないから安心してくれ」というものだったのです。

しかし、実際には、その約束が守られたとは言えないでしょう。現在の「タイムズ」の紙面は、買収される前とは別のものになってしまっています。

「タイムズ」と「サンデー・タイムズ」を買収したマードックは、その後、新聞社の労働組合と徹底的に対立し、組合を骨抜きにしてしまいます。

その一方で、アメリカでは映画やテレビの世界に進出。とりわけニュース専門チャンネル「FOXニュース」は、共和党寄りの内容で、アメリカ世論に大きな影響を与えることになります。

映画とテレビに進出

故郷オーストラリアの新聞を改革して利益の上がるビジネスに変え、イギリスの高級紙「タイムズ」と「サンデー・タイムズ」を買収したルパート・マードックは、いよいよ「メディア王」としての地位を確立していきます。

アメリカのテレビ局を買収するために米国籍が必要になると、彼はオーストラリア国籍を捨てて米国籍に。やがて保守派の牙城のニュース専門チャンネル「FOXニュース」を設立し、アメリカ政界に大きな影響力を持つようになります。アメリカ国民の保守化に大きな影響力を持ったとも言われ、その手法は毀誉褒貶《きよほうへん》を伴うものでした。

それまで新聞社の事業を中心にしてきたマードックは、一九八〇年代に入ると、映画やテレビの世界への進出を始めます。新聞社を経営しながら、その先のことを考える。先見の明があったと言えるでしょう。一九八五年、ハリウッドの大手映画会社「20世紀フォックス」が経営不振に陥っていることを知ると、この会社の株式五〇パーセントを買い取ります。

　さらに同年、全米に七つの放送局を所有するメトロメディア社を買収します。七つの放送局のうちボストンのテレビ局を他社に売却し、結局六つの放送局を保有することになるのです。

　ただし、ここにはふたつの壁が立ちはだかりました。ひとつは外国人がテレビ局の株式を二〇パーセント以上所有することを禁じる法律でした。

　もうひとつは、ひとつの都市でテレビ局と新聞社を同時に所有することをＦＣＣ（連邦通信委員会）が禁じていたことです。ＦＣＣとは、放送局を管轄する独立した委員会です。日本の放送局は総務省の管轄下にあり、総務大臣が「停波」の可能性をちらつかせて放送各局に睨《にら》みを利かせていますが、アメリカは放送の自由を確保するため、政府ではなく、政府から独立した委員会が管轄しています。

　テレビ局と新聞社を同時に所有することを禁じるのは、特定の会社が言論で大きな力を持たないようにするためです。

　日本の場合は、新聞社が元になって設立された放送局が多く、新聞社と放送局が株を持ち合ったり、特定のメディアグループが新聞とテレビに影響力を行使したりしていますが、アメリカでは二〇〇七年に一部規制が緩和されるまで認められないことでした。

それはともかく、ふたつの壁を乗り越えるには、どうすればよいか。マードックは、外国人がテレビ局を所有できないのであれば、外国人でなくなればいいと考えました。

アメリカの放送局買収のために帰化

一九八五年五月、マードックはアメリカ国籍を申請しました。オーストラリアの国籍を放棄することにしたのです。申請は同年九月に認められました。

それまでマードックは、オーストラリア人としてアメリカでグリーンカード（外国籍の人の永住権）を取得していましたが、自身の野望実現のため、国籍を変更したのです。アメリカ人ルパート・マードックの誕生です。これで最初の壁は突破しました。

ふたつ目の壁は、マードックがニューヨークの新聞「ニューヨーク・ポスト」を所有していたこと。マードックが手に入れた六つの放送局の中にニューヨークの放送局WNEW

（現在はＷＮＹＷ）が入っていたからです。そこでマードックは、赤字を垂れ流していた「ニューヨーク・ポスト」を手放します。

当時アメリカには、ＣＢＳ、ＮＢＣ、ＡＢＣという三つの巨大なテレビのネットワークがありましたが、これら六つの放送局は系列に加わっていない独立放送局でした。それでも六局がある都市は、ニューヨーク、ロサンゼルス、シカゴ、ダラス、ヒューストン、ワシントン。全米有数の都市ばかりで、独立局とはいえ、それぞれ高い視聴率を誇っていました。

当時、この買収は「高い買い物」という声もありました。独立局ばかりを買い込んでどうするんだ、というわけです。

ここでマードックは、世間をあっと言わせます。映画会社「20世紀フォックス」と六つのテレビ局を合体させてしまうのです。それに先立ち、彼は「20世紀フォックス」の残りの五〇パーセントの株も手に入れていました。

こうして同年一一月、新たに「20世紀フォックス・フィルム・コーポレーション」「フォックス・ステーション・グループ」「フォックス・テレビジョン・ネットワーク」を傘下とした会社「フォックス」を設立しました。映画とテレビを一体化し、映画制作会社が制作したドラマをテレビで放送する。テレビが新作映画のＰＲもできる。大いなる相乗効果が見込めました。

そして一九八六年一〇月には「ＦＯＸブロードキャスティング・カンパニー」が設立され、これがやがて全米第四のネットワークに成長します。さらにニュース専門チャンネル「ＦＯＸニュース」を設立すると、ニュース専門チャンネルの分野で先行していたＣＮＮを追いかけ、追い抜くことになるのです。

ＦＯＸニュースは、その放送内容でアメリカの保守化に影響力を行使することになるのですが、その話は後ほど。独立局を購入することは、「高い買い物」ではなかったのです。

これだけではありません。驚くべきことにマードックは、ほぼ同時進行で、イギリスの新聞の近代化にも取り組んでいたのです。

印刷工の労働組合と対決

イギリスの高級紙を買収したマードックが手をつけたこと。それは強力な力を持っていた印刷工の労働組合との全面対決でした。

当時のイギリスはさまざまな職種で労働組合が強い力を持っていました。新聞社の印刷工の労働組合もそのひとつ。イギリスの新聞業界では、労働組合が雇用者数を水増し要求できる労働慣行がありました。たとえば「タイムズ」や「サン」は印刷工五〇〇人分の賃金を払っていたのに、実際に職場で働いていたのは五〇人だったというのです。当然ながら生産性は低く、三台の輪転機（新聞用の印刷機）を操作する人数が、アメリカのシカゴでは五人のところ、ロンドンでは一八人でした。

こうした印刷工場があったのはフリート・ストリートでした。ロンドンの新聞は、二〇〇年にわたって、ここで印刷されてきました。印刷は、植字工が一字一字活字を拾って印刷用の原版を組み立てるという昔ながらの方法で行われてきました。マードックは、これを近代化したかったのです。近代化の対象は、印刷技術であり、労働慣行でした。

マードックは、フリート・ストリートから離れたワッピングという地区に新工場を建設。コンピューターによる植字と印刷を一体化した近代的なシステムを稼働させたのです。

近代的とはいいましたが、これはアメリカではとっくに導入されていた技術です。イギリスの労働組合が頑強に抵抗していたために、イギリスでは日の目を見なかったのです。

労働組合は、マードックの方針に真っ向から反対し、一九八六年一月、六〇〇〇人の印刷工の労働者たちがストライキに入りました。

印刷工の労働組合は、新聞記者たちも連帯してくれることを期待していましたが、マードックは、両者の間に「飴《あめ》と鞭《むち》」のクサビを打ち込みました。新聞記者たちには、新工場に移ってコンピューターの使い方を覚えるなら昇給を、拒否するなら解雇を言い渡したのです。これにより、労働者の連帯は崩れました。印刷工の組合は翌年二月まで一年以上ストライキを続けましたが、結局力尽きました。

マードックの戦いは、マーガレット・サッチャーの保守党政権によって支援されました。サッチャー政権は、強い力を持っていた労働組合の力を削減し、新自由主義的な経済改革を実現しようとしていたからです。

サッチャー政権の下でストライキを事実上禁止するような法律が制定され、雇用主はストライキをしている労働者を、解雇予告も解雇手当もなしにクビにできるようになったのです。

保守勢力の政権と軌を一にして進む。マードックの本領発揮でした。

こうしてマードックが勝利すると、他の新聞社もこれにならいます。フリート・ストリートから出て行って、印刷工程を近代化したのです。イギリスの新聞業界は一新されました。

ライバル、マクスウェルとの死闘

順調に事業を拡大してきたように見えるマードックですが、メディア事業の買収を巡っては、ライバルとの激しい闘争もありました。彼のライバルは、ロバート・マクスウェルでした。

マクスウェルは一九二三年、当時のチェコスロバキア東端（現在はウクライナ領）の貧しいユダヤ系の家庭に生まれました。故郷は第二次世界大戦でドイツ軍に占領され、家族の多くはナチス・ドイツによって殺害されます。本人は難民となってイギリスに渡ります。

戦後、一時はイギリスの労働党議員となりますが、彼の野望はメディア王となって政治的影響力を強めることでした。マードックが保守的な政治姿勢を取り、政治への影響力を強めようとしたのに対し、マクスウェルはリベラルな立場から新聞やテレビを使って影響力を拡大しようとしました。その結果、マードックと新聞社の買収合戦を繰り広げることになります。

一九六九年には「ニューズ・オブ・ザ・ワールド」紙の買収でマードックと激しく戦いますが、敗れてしまいます。以後、マクスウェルは、さまざまな場面でマードックのライバルとなります。

大衆紙「サン」買収合戦でもマードックに敗れますが、マードックが望んでも実現しなかった「デイリー・ミラー」と「サンデー・ミラー」の買収に成功します。「デイリー・ミラー」は労働党寄りの新聞でしたから、自らの思想信条にも合致していました。

このほかイギリスとアメリカで事業を展開している出版社マクミランのアメリカ部門の会社を取得。ＭＴＶ（音楽専門チャンネル）のヨーロッパ部門の株の半分も獲得しました。

アメリカでは、マードックが「ニューヨーク・ポスト」を買収したのに対し、マクスウエルはライバル紙の「デイリー・ニューズ」を買収。アメリカでも買収合戦を展開しました。

こうした事業拡張には無理も重ねました。従業員の年金基金を企業の資産に見せかけるなど、マクスウェルは自社の経営を実態以上によく見せかけることで多額の資金を借り入れ、企業買収の資金に充てていたのです。

自分の事業拡大の行く手に立ちはだかるマクスウェルの存在はマードックにとって邪魔者でしかありません。マードックからの直々の指示があったのか、単に記者たちが忖度《そんたく》しただけなのか、実情は不明ですが、マードックが所有する新聞各社の記者たちが、マクスウェルの経営実態の調査報道を始めます。

一九九〇年から九一年にかけて、イギリスは高金利となり、景気は低迷。マクスウェルの企業グループは資金の融資を受けるのが困難になります。彼のメディア帝国は危機に瀕します。

危機に見舞われていた一九九一年一一月、マクスウェルは、休暇先の大西洋のカナリア諸島沖合で、自らが保有する豪華ヨットから転落。数日後に水死体で発見されます。

事故死として処理されましたが、行き詰まったマクスウェルが自殺したのではないかという説や暗殺されたのだという説も出ました。

当時は、マクスウェルがイスラエルの諜報《ちょうほう》機関モサドのエージェントであるという内部告発も出始めていました。

マクスウェルの遺体は、イスラエル・エルサレムのオリーブ山に葬られました。ここはユダヤ教徒にとって、神殿の丘を見下ろす一等地。彼がユダヤ人として丁重に葬られたことがわかります。

いずれにせよ、これで商売敵は姿を消し、マードックの驀進《ばくしん》は加速します。

欧州やアジアの衛星テレビに進出

一九八八年、アストラ衛星の打ち上げで、ヨーロッパは衛星放送の時代を迎えます。日本ではすでに一九八四年にNHKによる衛星放送が始まっていましたから、それよりは立ち遅れましたが、ここにもマードックは触手を伸ばします。衛星放送「スカイ・テレビジョン」を設立したのです。

しかし、衛星放送は、当初は専用のパラボラアンテナを備え付け、専用機器を接続するか専用の受像機がなければ視聴できませんでした。事業は苦戦。多額の負債が積み上がり、結局、一九九〇年、ライバルのBSB（ブリティッシュ・サテライト・ブロードキャスティング）とマードックのスカイ・テレビジョンとが合併し、「Bスカイ B」（ブリティッシュ・スカイ・ブロードキャスティング）となります。

さらにアジアにも進出しました。香港の実業家が一九九〇年に設立した「スターTV」を一九九五年に完全子会社とします。二〇〇一年には「スター」と改称しました。

当初は中国大陸と台湾に向けて放送していましたが、いまではインド向けのヒンディー語放送などアジア各地向けにそれぞれの言語で独自の放送をしていて、九言語で五三カ国に向けて放送するまでに発展しています。

マードックが買収するまで、スターTVはイギリスのBBCのチャンネルを持っていましたが、一九九四年に配信を停止しています。中国国内にBBCの放送が流れることを嫌った中国政府の意向に配慮したためとされています。

保守的な思想を持っているはずのマードックですが、中国政府の意向は受け入れる。結局はイデオロギーよりビジネス優先で、それぞれの放送エリアで政権寄りの放送をしているに過ぎないと批判されるようになりました。

「タブロイド版」テレビで成功

マードックがアメリカでの圧倒的な影響力を獲得するようになるのは、「ＦＯＸ」での成功でした。

当初は赤字を垂れ流し、経営難に苦しむテレビネットワークでしたが、次第にヒット番組を量産するようになり、経営状態は上向きます。その象徴が日曜日のゴールデンアワーに放送されるアニメ『ザ・シンプソンズ』でした。

原子力発電所で働く労働者ホーマー・シンプソンと妻、三人の子どもという設定のアニメは、伝統的な古き良き家庭のホームドラマの常識を打ち破るものでした。これが若者たちから熱狂的に支持され、ＦＯＸの視聴率は上向き始めます。

さらに始めたのが『カレント・アフェア』（最近の出来事）という番組です。アメリカの老舗ネットワークCBSの看板番組『シックスティ・ミニッツ』（六〇分）に対抗しました。『シックスティ・ミニッツ』は、さまざまな社会問題を真正面から取り上げる硬派番組で、アメリカ社会に大きな影響力を持っていました。

これに対して『カレント・アフェア』は、猟奇殺人事件などを興味本位に取り上げる番組です。いわばテレビ番組の「タブロイド版」でした。

イギリスの大衆紙「サン」が煽情的な記事やヌード写真で部数を拡大したのと同じ手法をテレビの世界に持ち込んだのです。

こうして勢いをつけたFOXは、全米各地の放送局網を買収。いまや全米の九六パーセント以上の世帯をカバーし、三大ネットワークに並ぶ規模に成長しました。

マードックが新聞の部数拡大で使った手法が、テレビの世界でも通用したのです。

FOXニュース設立で米政治に影響力

FOXでの成功を背景に、マードックが乗り出したのがニュース専門チャンネルでした。一九八九年にロンドンに拠点を置く二四時間ニュース専門チャンネル「スカイ・ニュース」であり、一九九六年にアメリカで発足させた「FOXニュース」です。

ちなみに、20世紀フォックスの映画に登場するテレビニュースは、アメリカ国内ならもちろんFOXニュースですが、ヨーロッパだとスカイ・ニュースなのは、同じ系列だからです。

FOXニュースは先行するCNNと同じく衛星放送あるいはケーブルテレビで見るチャンネルです。放送開始時にFOXニュースが見られる世帯は一七〇〇万で、当時のCNNの六八〇〇万には遠く及ばない数字でしたが、放送契約を結んだCATV（ケーブルテレビ局）には奨励金を支払うという異例の商法で視聴可能な世帯を増やしていきます。現在では八〇〇〇万世帯にまで伸ばしました。

FOXニュースは表向き「中立報道」を掲げていますが、その放送内容は極端に共和党寄りです。

CNNニュースに登場する女性キャスターたちは、いずれも現場取材の経験豊富なベテランで、肌の色もいろいろですが、FOXニュースの女性キャスターは、いずれも金髪の若い白人女性たち。実に対照的です。

FOXニュースの特徴が明白になったのは、二〇〇一年九月に起きた同時多発テロの報道でした。このニュースを伝えるとき、画面には星条旗がたなびくCGが映し出されました。視聴者を愛国心で煽《あお》ったのです。

イラク戦争では、ブッシュ政権を支援する内容のニュースを流し、アメリカ軍の戦車がバグダッドのフセイン大統領官邸に向かって進撃する様子を戦車の上から中継しました。ライバルのCNNが冷静に「アメリカ軍」と表現したのに対し、FOXニュースは「我が軍」と表現。ここでも愛国報道が目立ちました。

視聴者の愛国心を煽る商法は大成功。この勢いに乗り、開局からわずか七年で視聴率トップの座をCNNから奪いました。

政治番組のキャスターやコメンテーターは、共和党寄りの人物が目立ちます。二〇〇八年の大統領選挙で共和党の副大統領候補だったサラ・ペイリンも専属コメンテーターです。ちなみにサラ・ペイリンは、副大統領候補になった際、国際情勢にあまりに無知だったため、共和党は密《ひそ》かに国際情勢について集中講義しますが、その過程で、ペイリンがアフリカをひとつの国だと思っていたことが判明してしまいます。

さらに、二〇一二年の大統領選挙では、ペイリンは民主党のオバマ候補のライバル候補と目されてもいました。そのペイリンを起用するほどですから、FOXニュースは徹底した反民主党・親共和党の色彩を打ち出しています。出演するコメンテーターは、地球温暖化に懐疑的なコメントをしたり、銃規制反対を主張したりしています。

「ウォール・ストリート・ジャーナル」も買収

テレビの世界で成功を収めても、マードックの野望は止まりません。二〇〇七年には、遂にアメリカの有力経済紙「ウォール・ストリート・ジャーナル」を発行するダウ・ジョーンズ社を買収します。

ダウ・ジョーンズといえば、現在の「日経平均株価」はかつて「日経ダウ平均株価」と呼ばれていたこともあります。平均株価の計算手法を編み出した会社で、「ウォール・ストリート・ジャーナル」は、イギリスの「フィナンシャル・タイムズ」と並び、世界トップの信用を誇る経済紙です。

「ウォール・ストリート・ジャーナル」は、「アメリカ中の企業経営者が称賛と畏怖の入り交じった思いを抱く、国を代表する経済紙」（サラ・エリソン著、土方奈美訳『ウォール・ストリート・ジャーナル陥落の内幕』）であり、「CEOと呼ばれる人々は『これがウォール・ストリート・ジャーナルの一面に出たら世間にどう受けとめられるか』といったことをよく考える。ジャーナルの存在にはそれだけの重みがあった」（同前）のです。

買収される前の「ウォール・ストリート・ジャーナル」は、一面に写真を使用せず、派手な見出しもないモノクロの紙面で、じっくりと読ませる記事が特徴でした。それが買収後、一面には派手なカラー写真と共に大きな見出しが躍ります。それまで経済専門の記事ばかりだったのが、ニューヨークの街の軽い話題が掲載されるようになりました。明らかに「ニューヨーク・タイムズ」を意識した作りに変化したのです。

マードックは、リベラルな編集方針の「ニューヨーク・タイムズ」が大嫌い。明らかに「ニューヨーク・タイムズ」潰しを意図しています。

これを日本のメディアに喩《たと》えれば、「日本経済新聞」を買収してセンセーショナルな新聞に変え、「朝日新聞」に対抗する、というイメージでしょうか。

盗聴スキャンダルで廃刊も

とにかく売れればいい。マードック流の報道姿勢が、大きなスキャンダルに発展したこともあります。

二〇一一年夏、マードック傘下のイギリスの「ニューズ・オブ・ザ・ワールド」が、長年大規模な盗聴を行っていたことが判明したのです。イギリスの王室関係者の電話を盗聴していたり、誘拐されて殺害された少女の携帯電話の留守電メッセージを盗聴した上で削除したり、イラクで戦死した兵士の遺族の電話まで盗聴したりしていたことが明らかになったのです。

特ダネさえ取れればいい。モラルを失った記者たちの行為が白日の下に晒《さら》されました。

この事件で、元編集長など一〇人が逮捕され、こうした盗聴が組織的に行われていたことがわかりました。多数の私立探偵を雇って盗聴させていたのです。

この事件では、マードック本人もイギリス議会下院の調査委員会に召喚されました。マードック流の編集方針が糾弾されたのです。

世論の激しい批判を浴び、「ニューズ・オブ・ザ・ワールド」は同年七月、遂に廃刊に追い込まれました。マードック流の編集方針を徹底させると、こういう事態になることを示したものでした。

この事件では、警察官も違法な謝礼を受け取って新聞記者に協力していたことが判明し、ロンドン警視庁の警視総監が責任を取って辞任に追い込まれました。

保守派か風見鶏か

アメリカのFOXニュースを見ていると、マードックは筋金入りの保守に見えますが、その経歴は、政治的には首尾一貫していませんでした。

一九七〇年代半ばまで、マードックが所有する新聞各紙はオーストラリア労働党やイギリス労働党を支持していました。その後はオーストラリア自由党やイギリス保守党支持に回ります。傘下のメディア企業がどれも親米・親イスラエルなどの姿勢をとり、これまでロナルド・レーガンやマーガレット・サッチャー、ジョージ・ブッシュ、デビッド・キャメロンといった保守政治家を支持してきました。

これだけを見ると保守派に見えますが、その一方でチベット仏教の最高指導者のダライ・ラマ一四世を攻撃するなどしています。

また、二〇〇八年のアメリカ大統領選挙で共和党の支持率が低迷すると、当時の民主党の大統領選候補者だったヒラリー・クリントン支持に回るなどといった行動に出ることもあります。

つまりは、イデオロギーではなく、常に体制側、有力な側につくことでビジネスを成功させてきたと言えるでしょう。

二〇一六年の米大統領選挙で、ＦＯＸニュースは当初ドナルド・トランプ候補を批判的に報じることもあったのですが、大統領に就任すると、しっかりとトランプ寄りの報道をするようになりました。トランプ大統領お気に入りの放送局です。

極めてご都合主義的な政治姿勢ですが、ビジネスの嗅覚は優れていると言えるでしょう。いまやマードックの帝国は五〇を超える国々で七五〇以上の企業を動かすまでになったのです。

しかし、その姿勢が、アメリカをアフガニスタンやイラクの泥沼の戦場に導いたとも言えるのです。自分のビジネスのためなら、世界をどのようにでも動かす。まさに「世界を動かす」商売人です。

第三章
ウォーレン・バフェット

五〇年以上にわたって勝ち続ける、
史上最強の投資家の素顔とは?

写真提供　ユニフォトプレス

二〇一六年一〇月九日（日本時間一〇日）に開かれたアメリカ大統領選候補者による二回目のテレビ討論会。共和党のドナルド・トランプ候補は、過去二〇年近く連邦所得税を払っていなかったことを民主党のヒラリー・クリントン候補に追及されると、富裕層が使う税の控除制度を使ったことを認めた上で、「（ヒラリーを支持する）バフェット氏もそうだ」と発言しました。ここで登場した「バフェット氏」とは、アメリカでトップクラスの富裕層でありながら、金持ちへの増税を要求しているウォーレン・バフェットのことです。

この発言に、バフェットは即座に反応し、反論の文章を公表しました。この中でバフェットは、「一三歳だった一九四四年から毎年、連邦所得税を払ってきた」と明らかにしています。納税証明書も公表し、二〇一五年、総収入一一六〇万ドル（約一三億円）を得て、ここから連邦所得税一八五万ドル（約二億八〇〇〇万円）を払ったことを明らかにしています。

税逃れを画策するトランプとは違う、というわけです。

そう、長らく全米二位と言われるほどの資産家でありながら、バフェットは金持ち優遇税制を批判してきました。「私より秘書のほうが税率が高いのはおかしい」と発言したこともあります。バフェットの収入は株式投資の結果であり、株式投資の収益への税率は、一般の給与所得にかかる所得税より低いのです。

庶民は高い税率の所得税を払っているのに、株式の配当や値上がり益で収入を得ている金持ちたちは、低い税率で済んでいる。バフェットは、このアメリカの現状に怒っているのです。

この現状を変えようと提案したのが、通称「バフェットルール」です。自分を含む年収一〇〇万ドル以上の富裕層の所得税率を、三〇パーセントに引き上げるべきだと主張しました。

この提案を受けてオバマ大統領は二〇一一年九月に税制改正案を連邦議会に提出しましたが、共和党の反対で日の目を見ませんでした。共和党は、富裕層への税率を引き下げることが経済の発展につながると考えているからです。

しかし、「富裕層に高い税率をかけるべきだ」というバフェットの主張に同意する人は広がっています。二〇一六年の大統領選挙でも、民主党のヒラリーは、バフェットの主張に賛同しています。

「オマハの賢人」

バフェットは八六歳。世界最大規模の投資会社バークシャー・ハサウェイの筆頭株主です。本人が保有している株の時価総額で、全米有数の資産家になったのです。

バフェットは、それだけの資産家になっても、贅沢《ぜいたく》な暮らしとは無縁です。アメリカの田舎町であるネブラスカ州オマハから出ようとはしません。五九年前に購入した質素な住宅に住み続けています。

このため、多くの会社経営者がバフェットに会いにオマハを訪ねる状態が続いています。多くの経営者からアドバイスを求められる。ここからバフェットは「オマハの賢人」と呼ばれています。

毎年一回開催されるバークシャー・ハサウェイの株主総会もオマハで開かれます。株主総会では、バフェットが、そのときのアメリカ経済の状況や投資の方針について説明します。この話を聞きに全米から毎回数万人の株主が参加します。静かな田舎町は、このときだけ大勢の株主で溢《あふ》れるのです。

バフェットが高く評価されるのは、その群を抜いた投資実績ゆえです。バフェットが一九六五年にバークシャー・ハサウェイの経営権を得てから二〇一六年までの五二年間に、バークシャー・ハサウェイの株価は約二万倍になりました。平均で二〇・八パーセントの利益率を上げ続けている計算になります。

一方、この間のアメリカの株式市場はどうだったのか。全米の株式市場の指標となるS&P五〇〇株価指数（アメリカを代表する企業五〇〇社の平均株価）は約一二七倍にとどまっています。

一般に、どんなに優れた投資信託でも、株式市場の平均以上の成績を残すことは困難とされています。それなのにバフェットだけは五〇年以上にわたって好成績を残し続けています。株式市場の専門家も、バフェットがなぜこれだけ高い成績を維持できるのか説明できないのです。

こうして築いてきた資産について、彼は二〇〇六年、当時の資産の八五パーセントに当たる約三七四億ドル（約四兆二〇〇〇億円）を五つの慈善団体に寄付すると発表して全米を驚かせました。当時としては、アメリカ史上最大の金額でした。寄付のうちの大半は、友人であるマイクロソフト創業者のビル・ゲイツが設立したビル＆メリンダ・ゲイツ財団に渡ります。ビル・ゲイツはバークシャー・ハサウェイの社外取締役を引き受けています。

まるで修行僧を思わせる質素な生活を送りながら、資産を増やし続けてきたバフェットの経営スタイルに感銘を受け、自身の経営方針を変えた経営者も多数に上ります。まさに世界を動かしている人物は、どのような人生を歩んできたのでしょうか。

幼いころからビジネスに精を出す

バフェットは一九三〇年、ネブラスカ州オマハに生まれました。

一九三〇年といえば、ニューヨーク証券取引所で株価が大暴落した一九二九年の翌年。世界は深刻な不況に向かっているときでした。バフェットの父親は地元で株式の仲買人の仕事をしていましたが、不況の影響で仕事がほとんどなくなります。バフェット一家は貧しい生活を余儀なくされます。

「幼児期にウォーレンは貧しいことの厳しさを体験し、さらに道徳心の強い父親の影響も受けたことで、生涯派手な生活には一切興味を持たなくなったようだ」（牧野洋『最強の投資家 バフェット』）

バフェットは小学生のころから数字に熱中していました。「五年生になると、一九三九年版『世界年鑑』を読みふけり、たちまちそれが愛読書になった。ウォーレンは、すべての都市の人口を暗記していた」（アリス・シュローダー著、伏見威蕃訳『スノーボール』）というのです。

幼いころから金儲けには異常な興味を示していました。「チューインガムを売って得た数セントが、ウォーレンが最初に儲けた金だった。六歳のときに売りはじめたころから、後年の流儀を髣髴《ほうふつ》させる姿勢を守り、けっして顧客に妥協しなかった」「ウォーレンは儲けた一セント玉を何枚も握り締めた。しっかりと硬く、重かった。それが最初の元手だった。その雪のひとかけらを転がすうちに、雪の玉《スノーボール》は大きくなっていったのだ」（同前）

わずかなお金でも大切に。それを元手にすれば、やがて何倍にもなる。これがバフェットの哲学でした。

チューインガムの次はコカ・コーラ売りでした。祖父が経営していた雑貨店からコーラを六本二五セントで購入し、それを一本五セントで売ったのです。バフェットは、やがてコカ・コーラの株式を大量に購入し、大株主となるのですが、このときからコーラを商いにしていたのです。

父親が株の仲買人だった影響で、幼いころから株式投資に興味を持ち、なんと一一歳で株に投資します。姉と共にシティ・サービスという会社の株を一株三八ドルで三株購入したのです。

ところが、この株はその後、一株二七ドルまで下落。きっと焦ったことでしょう。それでも我慢し、一株四〇ドルになったところで売却。ほっとしたのでしょうが、その数年後シティ・サービスの株は二〇〇ドルにまで上昇しました。この経験から、バフェットは忍耐の大切さを学んだと述懐しています。

一九四二年、バフェットの父が共和党の下院議員に当選したことから、バフェット一家はワシントンに引っ越します。

ここでバフェットは首都の高級紙「ワシントン・ポスト」の配達の仕事を始めます。後年、バフェットは「ワシントン・ポスト」の株に投資することになるのですから、コカ・コーラを売りさばく仕事からコカ・コーラ株の投資に発展するのと状況が似ています。

しかし、ワシントンでの生活になじめず、オマハに戻って祖父の家から学校に通います。ここで一三歳のとき、新聞配達で受け取った給与の所得税を申告しました。トランプ候補への反論で言っている「一九四四年から」というのは、このときのことです。

高校時代も友人と資金稼ぎをして成功した後、ペンシルベニア大学ウォートン・スクールに入学しますが、ここでの勉強に興味が持てなかったようで、中途退学。再びオマハに戻り、地元のネブラスカ大学に入学します。

トランプも同じペンシルベニア大学ウォートン・スクールを卒業しているのですから、皮肉なものを感じます。

ネブラスカ大学を卒業後、ビジネススクール（経営大学院）としてはアメリカ随一のハーバード大学ビジネススクールに入学しようとしますが、面接で落とされてしまいます。しかし、これが彼のためには良かったのです。人生の師とも呼ぶべき教授との出会いがあったからです。

『賢明なる投資家』に学ぶ

それが、コロンビア大学教授のベンジャミン・グレアムでした。ネブラスカ大学四年のとき、バフェットは近代投資理論の父と呼ばれるグレアムの古典的な名著『賢明なる投資家』を読み、心酔していました。グレアムがコロンビア大学のビジネススクールで教えていることを知って、進路を変更。コロンビアに願書を出し、入学が認められました。

グレアムの投資理論は、日々の株価の変動に惑わされることなく、企業の収益力や財務状態、将来の見通しなどを冷静に分析し、企業の本質価値を見極めることを主張していました。株価が本質価値より低い状態のときに株を購入できる投資家こそが「賢明なる投資家」だというわけです。

これは現在の株式投資での常識ともなっている「バリュー投資」の理論ですが、博打《ばくち》のように株式投機に一喜一憂する投資家が多かった当時としては、画期的な考え方でした。

バフェットの投資手法は、この理論を徹底させるものになっていくのです。

一九五一年、ビジネススクールを卒業後、バフェットはグレアムが経営する資産運用会社グレアム・ニューマンに就職を希望しますが、グレアムに断られてしまいます。当時、アメリカではまだユダヤ人差別が横行していました。ユダヤ人だったグレアムは、就職難に悩むユダヤ人を採用しようと考え、バフェットの希望を受け入れなかったのです。

希望かなってニューヨークへ

かくしてバフェットは故郷オマハに戻ります。バフェットの父は、下院議員を辞めた後、地元オマハで証券会社を設立していました。そこで働くようになったのです。社員わずか五人の小さな会社でした。

ここでバフェットは結婚しますが、心は依然、グレアムの元にありました。彼の希望がかなうのは一九五四年のこと。グレアムから電話があり、彼の会社で証券アナリストとして働かないかと誘われたのです。バフェットは勇躍ニューヨークに向かいます。

グレアムの会社は、バフェットを入れても社員はわずか八人でした。ここで彼は投資の基礎を実践的に学びます。バフェットが身につけた株投資の基本は、「お買い得」の会社を見つけ、多額の資金を投入することでした。

株式会社には「解散価値」というものがあります。その企業が保有している土地や建物、現金などの資産総額から負債総額を差し引いた純資産を発行済み株式数で割ったものです。

たとえば純資産が一〇〇億円の株式会社の発行済み株式数が一億株だった場合、一株当たりの純資産は一〇〇円で、これが解散価値になります。ところが、株式市場での一株当たりの株価が五〇円だったとすれば、株価の総額は五〇億円。そこで五〇億円を出して企業を買収し、会社を解散して資産を売却すれば五〇億円の利益が出る計算です。

株式市場では、たまたま経営状態が悪かったりして、株価が解散価値を下回ることがあります。バフェットは、こういう会社を見つけては株を大量に購入する。株価は、やがて解散価値かそれ以上に上がるでしょう。簡単に言えば、この手法で利益を上げ続けることができたのです。

再びオマハへ

一九五六年、グレアムは引退、会社は解散してしまいます。そこでバフェットは再びオマハに戻ります。二六歳になったバフェットの手元には一七万四〇〇〇ドルの現金がありました。日本円で現在の貨幣価値に換算すると一億円をはるかに超える金額です。チューインガムを売り、コカ・コーラを売り、新聞配達をして稼いだ金が、いつしかこまで増えていました。手元の雪のかけらを転がし続けたら、これだけ大きな雪の玉になったのです。

地元に戻ったバフェットは、投資会社を設立します。親族や友人たちから資金を出してもらい、これを運用する仕事です。バフェット・アソシエーツと名付けました。

知人たちから預かった資金を株投資で順調に増やしていったことから、口コミで出資者は増え続けます。このころ投資した人は、いずれも莫大な財産を築いたことになります。

バフェットの資産も順調に増えていきますが、バフェットの質素な生活は変わりません。

オマハに戻った当初は借家住まいでしたが、子どもが三人になり、一家五人では手狭になったことから、一九五七年、一軒家を購入しました。三万一五〇〇ドルでした。この家をバフェットは「バフェットの愚行」と名付けます。三万ドルを元手にすれば、いずれ一〇〇万ドルに増えるのに、家を買ってしまったら、資金が増えることはない、ということだったのです。

いやはや、こんな性格では、妻のスーザン（愛称スージー）の気持ちはいかばかりかと思ってしまいます。ようやくマイホームを持てたスーザンは、自宅の内装に一万五〇〇〇ドルをかけます。請求書の金額を見たバフェットは「死にそうになった」（前掲『スノーボール』）そうです。

それから六〇年。バフェットは、いまもこの家に住んでいます。

繊維会社を投資会社に

一九六二年、バフェットは繊維会社バークシャー・ハサウェイの株を買い始めます。アメリカの繊維産業は、一九五〇年代末ごろから日本などアジアの繊維産業に対して価格競争力を失っていました。バークシャー・ハサウェイも例外ではなく、株価が下がり続けていました。その結果、解散価値を下回っていたのです。バフェットは、ここに目をつけました。

株価が下がれば買い進めるということを繰り返した結果、翌年には筆頭株主に躍り出ます。

なんとか同社を立て直したいと考えたバフェットは、同社を通じて株式投資を始めます。繊維会社が、名称は同じままで実質的に投資会社に衣替えするのです。

一九六九年、バフェットは自らの投資会社を解散し、バークシャーの仕事に専念することにしました。資金を出していた人たちは、増えた財産を現金で払い戻すか、バークシャー・ハサウェイの株を受け取るか選択できました。投資会社が発足したときに一万ドルを出資していた人の資産は、この時点で一五万ドルになっていました。

このときバークシャーの株の受け取りを選択した人たちは、その後も資産を増やし続けることができたのです。

しかし、バークシャー・ハサウェイの繊維部門は赤字を垂れ流し、一九八五年、バフェットは繊維部門の閉鎖に踏み切ります。バフェットの才覚をもってしても、グローバル競争の中で斜陽産業となった部門を再建することはできなかったのです。

ベトナム戦争に反対

一九六〇年代後半は、アメリカにとって試練の時代でした。アメリカ軍はベトナムでの泥沼の戦いに足を取られ、国内ではベトナム戦争反対のデモや集会が開かれ、黒人差別をめぐる暴動も起きていました。

一九六七年、金儲けに専念していたバフェットの目を見開かせるきっかけとなる出来事がありました。黒人差別に反対する運動の指導者マーティン・ルーサー・キング牧師が隣のアイオワ州で演説したのです。バフェットとスーザンの夫妻はこれを聞きに出かけます。心を揺さぶられる演説を聞いたバフェットは、政治の世界に関わるようになります。

当時のアメリカの大統領は民主党のジョンソンでした。泥沼のベトナム戦争を解決できないジョンソンを二期目の選挙に立候補できないようにしようと、民主党内の反戦派は上院議員ユージン・マッカーシーに結集します。二〇一六年の大統領選挙の民主党の候補者選びで、急進派のバーニー・サンダースがヒラリーに対抗したように。

バフェットは、ネブラスカ州でのマッカーシーの選挙運動の金庫番を務め、夫婦で運動に尽力します。かつてバフェットの父もスーザンの父も強硬な共和党員だったのですが。

予備選挙でのマッカーシーの勢いを見た現職のジョンソン大統領は二期目の選挙に立候補しないことを宣言。ジョン・F・ケネディの弟のロバート・ケネディが予備選挙に名乗りを上げますが、途中で暗殺されてしまいます。結局、ジョンソン大統領の下で副大統領を務めていたヒューバート・ハンフリーが民主党候補者の指名を受けます。

マッカーシーを応援していたバフェット夫妻は失望しつつも渋々ハンフリーを支援。しかしハンフリーは本選挙で共和党のニクソンに敗れてしまいます。

二〇一六年の大統領選挙でヒラリーを応援したバフェットを見ると、当時の心意気をいまも持ち続けていることがわかります。

バフェットはまた、ユダヤ人差別にも立ち向かいました。反対演説をぶつのではなく、バフェット流に。

当時のオマハの名門ゴルフクラブの「オマハ・クラブ」は保守的で、ユダヤ人の入会を認めませんでした。そこでバフェットは、ユダヤ人だけを会員とする「ハイランド・カントリークラブ」に入会を申し込みます。会員たちは当初、オマハ・クラブがユダヤ人を入会させないのだから、こちらも非ユダヤ人を入れないと言い張ります。それでもなんとか入会を果たすと、バフェットは、なんとその会員証を持ってオマハ・クラブを訪れ、友人のユダヤ人の入会を認めさせました。「ユダヤ人が排他的でなくなっているのだから、こちらもユダヤ人を受け入れるべきだ」と説得したのです。

デモや集会だけで社会を変えることはできない。しかし、方法次第で世の中を変えることができる。これがバフェット流でした。

気に入った会社に投資する原則を貫く

仕事の面においてバフェットは、実際の価値より安く評価されている会社、世の中になくてはならない会社、自分が気に入った会社に投資するという基本姿勢を貫いてきました。

クレジット会社のアメリカン・エキスプレスがスキャンダルで一時的に株価が下がると、大量に株を買い進めます。クレジット産業に将来性を見出《みいだ》したからです。

一九六五年にウォルト・ディズニー・カンパニーの株を買い始めます。実は途中で利益確定のためにこの株を売ってしまいますが、失敗を悟って買い戻しています。いったん可能性を低く見てしまったというわけです。

一九七三年には「ワシントン・ポスト」の株を購入し、請われて社外取締役に就任しています。かつて配達していた新聞の取締役になったのですから皮肉です。

とりわけ有名なのはコカ・コーラ社への投資です。一九八五年、コカ・コーラ社がチェリー風味の「チェリー・コーク」を発売すると、それまでペプシ党だったバフェットは鞍《くら》替《が》え。片時も手放さないほどに好きになり、遂には一九八八年からコカ・コーラ社の株を買い始めます。翌年にはバークシャー・ハサウェイの保有株の三五パーセントがコカ・コーラ一社で占められます。分散投資の原則に反する行動でした。

投資をする際、特定の企業に集中的に資金を投入した場合、その企業が経営破綻したら多額の損害を被ります。そんなことがないように、投資はいくつもの企業や産業に分けて行う。これが原則です。しかし、この原則を破った投資が大成功を収めるのです。

コカ・コーラ社の株に投資を始めた当初、記者から「保有期間はどれくらい？」と尋ねられると、バフェットは「保有期間は永遠」と答えています。コカ・コーラ株は「永久保有銘柄」なのです。

ちなみにチェリー・コークはビル・ゲイツの大好物であることも知られています。

バフェットは自分の理解できないビジネスには手を出しません。ＩＴ産業が大人気になった二〇〇〇年になっても投資に動こうとはせず、バフェットも耄碌《もうろく》したなどと批判されましたが、まもなくＩＴバブルは崩壊。バフェットは改めて評価を高めました。

日本にも注目

バフェットが初めて日本を訪問したのは二〇一一年一一月のことでした。福島県いわき市に本社と工場のある大手切削工具メーカー「タンガロイ」の新工場完成式典出席のためでした。当初は同年三月に予定されていましたが、東日本大震災の影響で延期になっていました。

タンガロイは二〇〇八年、超硬工具で世界二位のイスラエルのＩＭＣに買収されました。バフェットは、その二年前の二〇〇六年にＩＭＣに投資。株式の八割を取得しています。

これは当時、バフェットにとって初めてのアメリカ以外での大型投資でした。ＩＭＣが社員を家族のように大切にするという経営方針を評価したからです。

考えてみると、社員を家族のように大切にするというのは、かつては日本企業のお家芸のようなものだったはずです。それがお株を奪われてしまったのです。

自分が投資した会社が買収した企業の工場はどんなものか。当時八一歳だったバフェットは、はるばる太平洋を渡って、日本にやってきたのです。海外では原発事故のあったフクシマを危険視する動きがあったにもかかわらず。ここでバフェットは、日本企業の将来性に期待していると語っています。だからこそ、日本にやってきたのでしょう。

バフェットを迎えたタンガロイは、もちろんチェリー・コークを大量に用意していました。

不思議な夫婦生活と再婚

全米有数の金持ちになっても贅沢のひとつもせず、ひたすら質素な生活を貫き、家庭生活を顧みない。こんな夫婦生活を続けていては、妻のスーザンも愛想を尽かそうというもの。バフェットへの愛情は変わりませんでしたが、一九七七年から別居します。サンフランシスコに居を移し、突然、歌手としての活動を始め、ニューヨークの劇場で前座として歌ったりするようになったのです。

ここで不思議なのは、スーザンは離婚しないまま、友人のアストリッド・メンクスという女性をバフェットに紹介したことです。一人では身の回りのこともままならないと心配し、炊事・洗濯を頼んだのです。

バフェットとアストリッドは意気投合。まもなく一緒に暮らすようになります。

バフェットとスーザンは離婚せず、バフェットはスーザンの自由な生き方を容認。スーザンもバフェットがアストリッドと暮らすことを認めます。その上、スーザンとアストリッドは友人の関係を続けたのです。不思議な三角関係でした。

二〇〇四年、スーザンが脳卒中で亡くなると、二年後にバフェットはアストリッドと再婚しました。

アメリカ社会を公正なものにするために

バフェットはバークシャー・ハサウェイの会長として一九七〇年から株主への年次報告書を執筆するようになります。ここで彼は、経営者として何が求められるのか、企業経営はどうあるべきか、持論を述べ続けています。この報告書を読みたいがためにバークシャーの株主になる人もいるほどです。

冒頭のトランプの発言に激しく反発したように、バフェットは、正しい納税によって社会に貢献することを願っています。二〇〇三年の年次報告書で、彼は次のように述べています。

「私たちが支払っている額からすれば、私たちはほぼ間違いなくわが国の高額納税者上位一〇社に入るでしょう。実際、わずか五四〇人の納税者がバークシャーが支払う額と同じだけを支払えば、ほかの個人や法人はアメリカ政府に何も払う必要がなくなります。そうなのです。二億九〇〇〇万人のアメリカ国民とそのほかの企業は、所得税、社会保障費、相続税、固定資産税を一セントたりとも連邦政府に支払う必要はなくなるのです」
「私たちは将来も納める税金の額が増え続けてほしいと願っています――それはすなわち私たちが発展することだからです――。しかし、ほかのアメリカ企業も私たちに倣って納める額を増やしてほしいと思っています」（ローレンス・A・カニンガム著、長尾慎太郎監修、増沢浩一ほか訳『バフェットからの手紙』）
これが彼の正義感であり、彼が金儲けに邁進《まいしん》するひとつの理由でしょう。彼は格差が拡大する現代の資本主義を批判しつつも、資本主義の可能性を信じ、「あるべき資本主義」の姿を追求して世の中を動かしてきたのです。
「バフェットはゼロからスタートし、その後も誰からも援助を受けずに巨万の富を築いた。父親のハワードが一九六四年に死んだ際にも、遺産を相続せず、母と姉妹が代わりに相続した。ハワードが下院議員だったことが影響したのか、後年にどんなに大きな富を手に入れても政府に絶対の信頼を置き、自ら所得の確定申告を行った。不正な取引を忌み嫌い、法律的にも道徳的にも正攻法を貫いた」（前掲『最強の投資家　バフェット』）

第四章
ビル・ゲイツ

世界一の金持ちとなった
マイクロソフト創業者の、非凡なビジネス感覚とは？

写真提供　ユニフォトプレス

資産は遂に一〇兆円

経済情報を扱うアメリカのブルームバーグ社は、自社のホームページで、「世界の億万長者」を紹介しています。彼らが現在どれだけの資産を持っているかだけでなく、前日に比べてどれだけ資産を増減させたかも表示しています。これを見ると、二〇一七年六月五日段階で、世界一の億万長者はビル・ゲイツです。その額は実に九〇〇億ドル。日本円にして約一〇兆一〇〇〇億円です。

現在の資産は、個人投資会社であるカスケード・インベストメント社の投資によって築いたもので、マイクロソフト社の株も、同社を通じて保有しています。とはいえ、彼の資産の大半はマイクロソフト社の大成功によるものです。

ちなみに二位は次章で取り上げるアマゾンの創業者ジェフ・ベゾス、三位はZARAで知られるスペインの衣料品メーカーの経営者アマンシオ・オルテガ、四位は前章で取り上げたウォーレン・バフェットです。

ビル・ゲイツは、ハーバード大学を休学してマイクロソフトを創業。パソコンソフトの「ウィンドウズ」シリーズで巨万の富を築きました。コンピューター時代の寵児として知られ、インターネットの世界でも覇権を築きました。

あなたが使っているパソコンはウィンドウズマシンか、それともアップルか。多くの人は、知らずにマイクロソフトが発売しているさまざまなソフトを使用しているのではないでしょうか。

かつてコンピューターといえば、専門家が特殊な用途に使うものであり、独特のコンピューター言語を使って動かすものでした。それがいまや、誰でもコンピューターやネットを駆使するようになりました。ビル・ゲイツはまさに世界を動かす巨人の一人です。

その彼は、コンピューター技術者として成功したと思い込んでいる人も多いことでしょう。確かにコンピューターのソフトを作る上で非凡な才能を持っていたことは事実ですが、それ以上に彼には傑出したビジネスのセンスがありました。それが、彼を億万長者にしたのです。彼が、何を成功させたのか。それを見ていきましょう。

慈善活動に尽力

欧米では大富豪になると慈善事業に資金を投じる人が目立ちます。そこにはキリスト教の影響があると言われています。

『新約聖書』の中の「マルコによる福音書」に、イエスの言葉として「金持ちが神の国に入るよりも、らくだが針の穴を通るほうがまだ易しい」という文章があります。金持ちは天国に行けないとも受け取れる表現。子どものころから聖書を読んで育つ人々は、お金持ちになると、この言葉を思い出すのでしょう。

とりわけビル・ゲイツは、小学生のとき、聖書の一節の暗唱に取り組んだことがあるほど、聖書の勉強をしていました。彼が資産の大半を慈善事業に費やすようになったのには、そんな背景があったはずです。

ビルが創設・運営している慈善団体は「ビル&メリンダ・ゲイツ財団」といいます。ビルと妻のメリンダの名前を冠しています。ワシントン州シアトルに本部を置いています。

当初はゲイツの名前のみでしたが、二〇〇〇年に改組して夫婦の名前を入れました。世界最大の慈善団体であり、二〇〇六年にはウォーレン・バフェットの寄付も受け、資金規模が拡大しています。バフェットも、同じ考えなのでしょう。

財団は、開発途上国での病気や貧困を撲滅するための活動を支援する一方、アメリカ国内では、教育やIT技術の発展に資金を投じています。

二〇一六年一一月には、アメリカの文民の最高位の勲章である「大統領自由勲章」をビル・ゲイツ夫妻が受章しています。

「風変わりな少年」、私立中学へ

ビル・ゲイツの本名はウィリアム・ヘンリー・ゲイツ三世。「ビル」とは、ウィリアムの愛称。アメリカのビル・クリントン元大統領の正式な名前もウィリアムです。ウィリアムでは格式ばったイメージを与えるため、ビルの愛称を使う人が多いのです。

一九五五年一〇月、アメリカ西海岸のワシントン州シアトルで生まれました。実は父も祖父も、その父親も同じ名前なのです。本来はビルの父が三世と呼ばれるべきですが、父親はウィリアム・ヘンリー・ゲイツ・ジュニアと呼ばれたので、その息子のビルが三世と呼ばれました。

父親は成功した弁護士で母親は教師。教師を辞めた後は、社会奉仕団体の役員をしていました。家庭は裕福でしたが、派手な生活とは縁がありませんでした。ビル・ゲイツが、世界一の資産家になったいまも、飛行機はエコノミークラスを使用するなど質素な生活を続けているのは、幼少期の両親のしつけがあるからでしょう。

ちなみに、なぜファーストクラスではなくエコノミークラスを使用するか尋ねられた彼は、「目的地に着く時間は同じだろう」と答えたといわれています。

ビルの親は敬虔《けいけん》なキリスト教徒で教育熱心でした。ビルは小学校時代から読書好きで、自宅にあった百科事典を読破し、ＳＦ（サイエンス・フィクション）小説や偉人の伝記に読みふけりましたが、その一方で算数（数学）や理科が得意でした。

公立小学校を優秀な成績で卒業しますが、親は息子をそのまま公立中学に進学させることを躊躇《ちゅうちょ》します。伸び伸びと育てたはいいものの、周囲への気配りに欠ける、いささか

「変わった子」に育っていました。公立よりは成績優秀な子が集まる私立学校に入れることにしたのです。レイクサイド中学・高校でした。ここで彼は、後にマイクロソフトを創立する仲間と出会うことになります。

コンピューターと出合う

レイクサイド中学・高校は、現在は男女共学ですが、当時は男子校でした。首都圏で御三家と呼ばれる開成、麻布、武蔵のようなイメージとでも言えばいいでしょうか。ハーバード大学やスタンフォード大学への進学者を輩出。自由な雰囲気の学校で、学力水準の高い生徒たちは、自主的な行動が許されていました。

ここでビル・ゲイツは初めてコンピューターと出合います。彼が一三歳のとき、シアトル市内に支店のある会社が「プログラムデータ処理装置」（ＰＤＰ）という原始的なコンピューターを開発。それを遠隔操作できるテレタイプ端末が学校に導入されたのです。使用料は高額でしたが、学校の母の会が寄付した資金で使用することができました。

ビルは夢中になり、学校のコンピュータールームに入り浸りになります。ビルの二歳年上のポール・アレンも夢中になります。彼と共に、ビルはやがてマイクロソフト社を創設することになるのです。

BASIC《ベーシック》を学ぶ

コンピューターは二進法です。0と1の信号の羅列で計算を実行します。このため初期のコンピューターは、0と1をいちいち入力しなければなりませんでした。これでは効率が悪すぎます。そこで一九六四年に開発されたのが、BASICというコンピューターを動かす言語です。コンピューターが理解するという意味で「コンピューター言語」といいます。いくつもの種類が開発されますが、BASICは初心者でも扱いやすいものでした。

正式名はBeginner's All-purpose Symbolic Instruction Code。初心者があらゆる目的で使えるもの、という意味で、その頭文字を並べたものです。

ビルたちが習ったのも、まずはBASICでした。やがて指導教諭を追い抜く知識を身につけます。

ビルは一三歳ですでに簡単なゲームソフトを作っています。「三目ならべ」でした。さらに高校生になると、会社を作り、州政府に交通量計測システムを納入したり、他社の給与計算システムを作成したりしています。彼はすでに会社の設立の仕方、仕事の売り込み方、契約書の作成などのノウハウをマスターしていたのです。もっとも、契約書の作成などでは、父親の弁護士事務所の弁護士の協力を得ていたようですが。

ハーバード大学へ

一九七三年、ビルはハーバード大学に入学します。大学があるボストン都市圏は東海岸。西海岸のシアトルから行った彼は、学生寮で暮らします。

父親が弁護士だったことから、ビルは法学部で法律を勉強することにしますが、気が進みません。二年生になって学生寮を移ってからは、寮内で学生同士のポーカーに熱中します。徹夜で興じることもあり、多額の金を賭けてのゲームになりました。後日、ビルは

「会社設立の資金の一部には、ポーカーで稼いだものが含まれていた」と述懐しています。

この二番目の学生寮で、やがてビルの後任としてマイクロソフトのCEO（社長）になるスティーブ・バルマーと出会います。

このハーバード時代、ビルはパソコンと出合い、運命が変わります。全米トップとされる大学を飛び出すことになるのです。

遂にパソコンが発売された

一九七四年一二月、ハーバード大学前の交差点横にあるキオスクの前を通りかかったポール・アレンは、雑誌「ポピュラー・エレクトロニクス」の表紙に目を留めます。

レイクサイド高校からワシントン州立大学に進学していたポールは、ビルとコンピューターを使った新しい仕事を始めようと考え、大学を休学。ボストンにやってきて、コンピューター会社に勤めながら、作戦を練っていました。

雑誌の表紙には「世界初の小型コンピューター組み立てキット　アルテア８８００」と

いう説明と共に、写真が掲載されていました。雑誌を買ったポールはビルのいる学生寮に飛び込みます。それまでの巨大なコンピューターとは異なり、個人が利用できる（パーソナル）コンピューターが市販されたのです。

当時、インテル社が、それまでの大型コンピューターと同じレベルの計算能力を持つ大規模集積回路（ＬＳＩ）を開発していました。アルテアは、この集積回路＝マイクロプロセッサを使って組み立てた小型のコンピューターでした。

ちなみに「アルテア」とは、当時アメリカで放送されていた人気ＳＦドラマ『スタートレック』に出てくる宇宙船「エンタープライズ号」が目指す天体「アルタイル」のことです。

開発したのはＭＩＴＳというコンピューターメーカー。価格は一台三九五ドルでした。

パソコンを動かすソフトを開発

遂にパソコンの時代がやってきた。興奮と共に、二人は焦ります。自分たち抜きでパソコン業界ができ上がってしまうからです。

アルテアを動かすBASICのプログラムはあるのだろうか。そこでビルは、ニューメキシコ州アルバカーキにあるMITSに電話を入れます。「アルテアを動かすBASICのプログラムを提供できますが、興味ありますか？」と。

そもそもソフトなどできていないのに、カマをかけたのです。実にしたたかです。電話に出た相手は、「使えるソフトができ上がったら、持ってきてください」と返答します。この応答で、相手はソフトを持っていないことを確認しました。さあ、ここから二人は大車輪でアルテア用のBASICのソフト開発を始めます。

BASICのような当時のコンピューター言語は、コンピューターごとに独自に開発する必要がありました。MITSはコンピューターメーカーとして本体（ハード）は作りましたが、そのハードを誰でも動かすことのできる言語は開発できていませんでした。

ここから二人の天才的な才能と努力が発揮されます。実はアルテアは発売されると引っ張りだこになり、ビルたちは実物を手に入れることができなかったのです。発表されているデータと説明書を手掛かりに、インテルのマイクロプロセッサを組み込んだアルテア専用のＢＡＳＩＣの開発に成功します。

マイクロソフト社を創設

ポール・アレンは、アルバカーキに移ってＭＩＴＳで働き始めます。ビルも大学二年の授業が終わるとアルバカーキに移り、一九七五年六月、二人でマイクロソフト社を創設しました。株式所有の比率はビル・ゲイツが六〇パーセント、ポール・アレンが四〇パーセントでした。ビルは、「ポールのほうが年上だから株式所有率も高くして……」などという発想は持たなかったのです。ドライなビジネス感覚でした。

その上でマイクロソフトはＭＩＴＳとの間でＢＡＳＩＣの使用ライセンス契約を結びます。

この契約は、ＢＡＳＩＣを販売するのではなく、使用権利を貸し与え、ひとつ売れるたびにライセンス料が入る仕組みでした。このアイデアが、やがてマイクロソフトを巨大な企業に発展させ、ビル・ゲイツを世界最大の富豪にさせるものでした。

小型のパソコンを作るのはＭＩＴＳ社に限りません。インテルのマイクロプロセッサを組み込んだパソコンが、その後各社から次々に発売されます。こうしたパソコンは、すべてマイクロソフトのＢＡＳＩＣを使うことになります。売れれば売れるほど、マイクロソフトにお金が流れ込みます。

ＭＩＴＳにＢＡＳＩＣを販売してしまえば、一時的には多額の資金が入るにせよ、それでおしまい。でも、ライセンス契約なら、ひとつひとつは少額でも、将来にわたって巨額の資金が入ってくることになるのです。

ビル・ゲイツの本当の意味での天才は、ここに発揮されたのです。

一九七七年三月、ハーバード大学三年生だったビルは、大学を出て、ビジネスの世界に進みます。名門ハーバードを去ることに、ビルの両親は反対しましたが、ビルは躊躇しませんでした。コンピューターはビジネスとして大きく発展しようとしている。いま乗り出さなければ乗り遅れる。これがビルの認識でした。従業員も、少しずつ増えていきました。

巨人ＩＢＭから受注

砂漠の中の町アルバカーキで仕事をしていた彼らは、一九七九年一月、故郷シアトルの隣の街ベルビューに移ります。落ち着いて仕事ができる、というのが大きな理由でした。シアトル近郊は雨が多いことでも知られています。雨が多ければ外に遊びに行けなくなるので、仕事に専念するしかない。そういう理由もあったとされます。

彼らの仕事が飛躍的に発展するきっかけが、やがて訪れます。コンピューター界の巨人ＩＢＭが、パソコンを動かす基本ソフトであるＯＳ（オペレーティング・システム）の開発をマイクロソフトに依頼したのです。

パソコンは、キーボード、ディスプレー、ディスクドライブなど多くの周辺機器とセットになっています。これらを統合的に運用するためには、ＢＡＳＩＣのみならず、ＯＳが必要になっていました。ＢＡＳＩＣとＯＳがセットになって初めてパソコンが動くのです。

企業用の大型コンピューターを扱っていたＩＢＭは、パソコンのブームに乗り遅れることを恐れ、密かに開発に乗り出していました。当時、アップルが独自規格のパソコンを開発し、一部で熱狂的なブームになっているのを見ていたからです。

しかし、慣れないことには時間がかかります。焦ったＩＢＭは、自社開発を断念。パソコン用の既存のＯＳを採用して改良を図ることにしました。

当時、多くのパソコンに採用されていたのは、デジタルリサーチ社が開発したＣＰ／Ｍと呼ばれるものでした。そこでＩＢＭはデジタルリサーチ社に接触を図りますが、交渉は不調に終わります。

なぜ不調に終わったのか。デジタルリサーチ社の創業者が旅行中で接触できなかったという説や、創業者の妻の対応が冷淡だったという説など諸説あり、真相は明らかではありません。いずれにせよ、デジタルリサーチ社とＩＢＭは契約に至らず、ＩＢＭは、次にマイクロソフトに声をかけます。

歴史に「もしも」はありませんが、もしデジタルリサーチ社が契約していれば、いまのマイクロソフトの隆盛はなかったかもしれないのです。

マイクロソフトへのＩＢＭの発注条件は、締め切りが厳しいものでした。三カ月以内に作れというのです。マイクロソフトは、絶好のチャンスを生かすためには、独自開発をしていては納期に間に合わないと判断。こちらも独自開発をせず、既存のOSを購入してIBMに搭載できるように改良しようと考えました。そこで、シアトル・コンピューター・プロダクツ（SCP）が開発していたQDOSを買い取ります。価格は二万五〇〇〇ドルでした。

その際、IBMと秘密保持協定を結んでいたこともあり、マイクロソフトは使用目的を告げませんでした。マイクロソフトは、このQDOSを基礎に発展を遂げることになるので、後にSCPを騙《だま》したと批判されることにもなりました。

それでもQDOSをIBM用に改造するのは、それなりに困難を伴い、マイクロソフトのスタッフは、睡眠時間を削り、会社の床で仮眠をとるという過酷な労働のもとにIBMのパソコン（PC）用にOSを開発。結局、三カ月では完成しませんでしたが、ほどなく作り上げて、PC－DOSの名前で納入します。DOSとはDisk Operating System の頭文字を並べたものです。

「ライセンス販売」というアイデア

ＩＢＭへの納入でもビル・ゲイツのビジネスセンスが生かされます。ＰＣ－ＤＯＳを売却するのではなく、ここでもライセンス契約にしたのです。

契約に当たっては、ＩＢＭがナイーブだったということなのでしょう。マイクロソフトの「ライセンス契約で」という条件をあっさり呑《の》んでしまいます。早くパソコンを発売したいと焦っていたのか、ライセンス契約料の単価は少額でしたから、安いものだと思ったのかもしれません。

さらにマイクロソフトは、ＩＢＭとライセンス契約をしたＰＣ－ＤＯＳに、マイクロソフトを意味するＭＳを付与したＭＳ－ＤＯＳを独自の商品に仕立てます。そして他社とライセンス契約を結ぶことができることをＩＢＭに了承させました。

ＩＢＭがパソコンを発売すると、他社も続々と同じシステムの互換機を発売します。ＩＢＭは、どのような部品を使っているかの仕様書を公開していたからです。このデータがあれば、ソフトウェア会社がさまざまな実用ソフトを開発できます。ゲームはもちろん、ワープロや表計算など実用ソフトが次々に世に出てきます。すると、こうしたソフトを使いたい人がＩＢＭのパソコンを購入します。これがＩＢＭの狙いでした。

ＩＢＭの目論見《もくろみ》は成功し、ＩＢＭのパソコンは飛ぶように売れました。さらに、同業他社がそっくりのパソコンを製造する。いわゆる互換機です。

これらの互換機も、ＭＳ－ＤＯＳを搭載します。互換機が登場してもＩＢＭには一銭も入りませんが、マイクロソフトには、一台ごとにライセンス使用料が転がり込んできたのです。

デ・ファクト・スタンダードを取る

ここでビルのビジネスの才能がさらに発揮されます。ＩＢＭのパソコンが発売された時点で、マイクロソフト以外の会社が開発したＯＳも使えるようになっていました。そこでマイクロソフトは、他のＯＳよりも価格を低く設定します。そうなると、他社の互換機も

ＭＳ－ＤＯＳを搭載するようになります。

結局、世界中のＩＢＭとＩＢＭ互換機のパソコンにはＭＳ－ＤＯＳが搭載されるようになったのです。こうした状況を「デ・ファクト・スタンダード」といいます。「事実上の標準」というわけです。国際機関や国家が標準を決めたわけではなく、結果として標準の地位を獲得する、というわけです。

パソコンの世界でもＩＢＭとＩＢＭ互換機がデ・ファクト・スタンダードの地位を確保します。私が初めて購入したパソコンは、富士通のＦＭタウンズという独自規格のものでした。当時としては画期的な「マルチメディア・マシン」と呼ばれましたが、結局はＩＢＭの互換機に敗れてしまいました。次第にＦＭタウンズ用のソフトが発売されなくなり、魅力あるものではなくなったのです。

ウィンドウズの開発へ

このころのパソコンは、いま私たちが目にするものとは大きく異なっていました。電源を入れても、真っ黒な画面にプロンプトとカーソルの点滅が現れるだけでした。ここに文字や数字を打ち込んでいくのです。

現在のパソコンは、画面にさまざまなイラスト（アイコン）が出ています。これをマウスでクリックすることで、アプリケーションソフト（アプリ）が使えます。これを実現したＯＳが、ウィンドウズです。

こうしたイラストはＧＵＩ（Graphical User Interface）といいます。文字を入力することなく、マウスを使って簡単に作業ができることで、多くの人がパソコンを使えるようになっていきます。このウィンドウズを開発したのもマイクロソフトでした。

このとき再びビルの才能が発揮されます。ライバルとして急成長してきたアップルコンピュータが、ＧＵＩで使い勝手のいいマッキントッシュのパソコンを発売しようとすると、マイクロソフトは、近々ウィンドウズを発売すると発表します。こうすれば、マッキントッシュを買おうと思っていた人たちは、「ウィンドウズが発売されるのを待とう」という行動に出ます。客がアップルに流れるのを阻止できるのです。

ところが、実際に発売されるのは、ずっと後というわけです。まるで詐欺のようだという批判も浴びましたが、ビジネスとしては成功でした。

こうした手法を駆使することで、マイクロソフトはコンピューターソフト業界の王者となり、ビル・ゲイツは世界一の金持ちになるのです。

ビル・ゲイツは確かにコンピューターソフトの技術者として傑出した能力を持っていましたが、それ以上にビジネスの才能によって、マイクロソフトを成長させたのです。

世界をより良いものに

ビル・ゲイツは一九九四年、マイクロソフトの社員だったメリンダ・アン・フレンチと結婚。三人の子どもが生まれます。そして二〇〇〇年、CEOの職をスティーブ・バルマーに譲って会長職に。二〇一四年には会長職からも退いて、「ビル&メリンダ・ゲイツ財団」での活動を中心に置くようになりました。

ビル・ゲイツは、パソコンという便利な道具を動かすソフトを開発することで、世界を変えてきました。機械というハードではなく、ソフトこそが重要なのだということをいち早く見抜いていたのです。

世界を、より良いものに。第一線を退いた彼は、今度は慈善団体によって、世界をより良いものにしようと取り組んでいます。

二〇一五年九月、ビル・ゲイツはこう語っています。

「数年前、私は妻のメリンダとともに、インドでも特に洪水の多い地域であるビハール州の稲作農家のグループを訪ねた。彼らは皆極めて貧しく、家計や食事を自らが育てたコメに頼っていた。

毎年、モンスーンが雨を運んでくると川が増水するため、稲が洪水の危険にさらされる。稲は全滅し、彼らはそのたびに都会へ逃げ、仕事を探してきた。だが翌年になるとまたそこに戻り、さらに貧しい状況の中で、田植えに備えるのだ。（中略）

今後数十年の気温上昇は、特に熱帯地域の農業に大きな打撃を与えるだろう。少なすぎる雨、あるいは多すぎる雨により作物は育たず、暖かくなった気候の中で害虫が増殖し、作物を食い荒らすだろう。（中略）

気温上昇による影響をすべて止めるにはもはや手遅れであることをわれわれは認識しな

ければならない。だからこそ、最も貧しい人々が適応できるよう助ける取り組みに世界が投資をすることが不可欠なのだ」（「週刊東洋経済」二〇一五年九月一九日号）

世界をより良いものに。ビル・ゲイツは、次の道を歩み始めています。

第五章
ジェフ・ベゾス

アマゾン快進撃を支える天才の高笑い。
彼は赤字を恐れない？

写真提供　ユニフォトプレス

巨大なショッピングサイトに発展

我が子を夫婦で可愛《かわい》がっていると、その輪に入れないで寂しそうにしている愛犬に気づいた父親。一計を案じ、ライオンのたてがみを購入。愛犬に着せてライオンに化けさせ、我が子に近づけると、子どもは喜んで手を伸ばす。

そんなテレビコマーシャルを見たことはありませんか？　ライオンのたてがみはアマゾンで購入した、というアマゾンのＣＭでした。

商品は単なる商品ではない。アマゾンで買えば、生活を豊かにし、家族とペットとの関係すら改善する。そんなメッセージが籠められています。

そのアマゾンで、あなたはどんな買い物をしているでしょうか？

アマゾンを「インターネットの巨大書店」だと思っている人は、すっかり時代に取り残されていると言っていいでしょう。

確かに最初はネット書店でしたが、やがて雑貨や家電などさまざまな商品をインターネットで販売するようになり、一大ショッピングサイトに発展。当日配達などのサービス向上も目覚ましく、電子書籍の販売やビデオのレンタルも始めます。さらには独自にドラマを制作してネット配信するまでになりました。

あらゆる商品やサービスをインターネットで提供する巨大企業。これがアマゾンの正体です。

アメリカのビジネス社会では「アマゾンされる」という言葉まで生まれました。〈自社の従来型の事業からアマゾンに顧客と利益を根こそぎ奪われるのをなすすべもなく見る〉という意味なんだそうです（ブラッド・ストーン著、井口耕二訳『ジェフ・ベゾス 果てなき野望』）。

インターネットの発展と共に成長してきたアマゾンですが、そこにはジェフ・ベゾスの確固たる戦略がありました。

養父に育てられる

ベゾスは一九六四年一月、ニューメキシコ州アルバカーキで生まれました。生まれたときの名前はジェフリー・プレストン・ジョーゲンセンで、両親は共に十代でした。父親のテッド・ジョーゲンセンは一九歳、母親のジャッキー・ガイスは一七歳。いずれも高校生でした。若すぎる結婚。父親のアルバイト収入はわずかで、酒に溺れることが多く、明らかに父親失格でした。母は生後一七カ月の息子を引き取り離婚します。

母親の再婚相手は、キューバ難民のミゲル・ベゾスでした。ミゲルは一五歳のとき、キューバからアメリカに渡ってきました。

キューバではフィデル・カストロによるキューバ革命を嫌って、大勢のキューバ人がアメリカに逃げ出していました。当時、アメリカのカトリック教会はアメリカ政府の支援を受け、「ピーターパン作戦」を展開していました。これは、カストロの手から子どもたちを救おうというもので、何千人もの子どもたちが、キューバの親許《おやもと》を離れ、フロリダに連れてこられていたのです。

フロリダ州マイアミの施設で一年を過ごし、英語を学んだミゲル・ベゾスは、アルバカーキ大学に進学します。いまは存在しませんが、当時はカトリックの大学で、キューバ難民の子どもたちに奨学金が出て、学費は無料だったのです。

ミゲル・ベゾスは生活費を稼ぐために地元の銀行で夜間働き始め、ここでジャッキーに出会い、結婚しました。

この結果、ベゾスの名前は、ジェフリー・プレストン・ベゾスとなりました。ベゾスは養父の姓なのです。ジェフリーの愛称がジェフです。

ミゲル・ベゾスは、大学を卒業すると、石油技術者としてエクソンに入社。テキサス州ヒューストンに引っ越します。

実の父と違って、養父のミゲルは仕事熱心の努力家。養子であるジェフの教育にも熱心でした。ジェフ・ベゾスの性格は、養父によって養われたのです。

若き「発明家」

ジェフ・ベゾスは幼いころから天才ぶりを発揮していました。三歳のときにはベビーベッドではなく大人用のベッドで寝たいと言って、ベビーベッドをドライバーで解体してしまったそうです。

中学生になると、自力で警報装置を組み立て、自分の部屋に弟や妹が入り込まないような仕掛けを作ったといいます。将来はエジソンのような発明家になりたいと言っていて、まさに若き「発明家」だったのです。

父親の転勤でマイアミに移り住んだベゾスは高校時代にコンピューターに興味を持ち始めます。

高校を総代で卒業し、プリンストン大学に入学。卒業式での総代挨拶では、人気テレビドラマ「スタートレック」のセリフを引用したりしながら、宇宙への夢を語っていました。

大学では物理学を専攻するはずでしたが、計算機科学（要するにコンピューターサイエンス）と電気工学に専攻を替えて卒業しました。

ウォールストリートへ

プリンストンを卒業すると、コロンビア大学の教授二人が設立した株式取引の会社に入社します。ここは、コンピューターネットワークを活用して株式取引をしようという会社でした。当時の金融業界は、経営にコンピューターを活用しようと考え始めていた黎明期《れいめいき》でした。大学でコンピューターを学んでいた若者を採用するようになっていたのです。

しかし、そこでの仕事に飽きたらなかったベゾスは、二年後にウォールストリートの大手金融会社バンカーズ・トラストへ転職します。さらに一九九〇年、D・E・ショーというヘッジファンドに転職しました。ここは株式売買の意思決定をコンピュータープログラムで実行する投資信託の会社で、急成長中でした。

ここで高い能力を示したベゾスは、一九九二年、わずか二八歳で最年少の上級副社長に昇格します。

ベゾスの一番の特徴は、その笑い声です。突然、まるで発作でも起きたかのように頭を反らしてけたたましい笑い声を立てるのです。これを初めて見た人は一様に度胆を抜かれます。

ベゾスは、ここで生涯の伴侶を見つけます。ベゾスと同じプリンストン大学を卒業した六歳年下のマッケンジー・タトルです。ベゾスの研究補佐になったことで出会い、付き合い始めてから六カ月で結婚します。マッケンジーは、自分からアプローチして結婚にこぎつけたと語っています。

「私の部屋はベゾスの隣で、あの笑い声がずっと聞こえるわけです。あの笑い声ですからね、好きにならないわけがないでしょう?」(前掲『ジェフ・ベゾス 果てなき野望』)

これからはインターネットだ

何に投資すべきかを考える会社でしたから、一九九四年、ベゾスはインターネットが急成長していると知り、成長率を分析します。その結果、ウェブの使用量の成長率が、一九九三年一月から翌年一月までの一年で二三〇〇倍に上っていると推定しました。とてつもない急成長ぶりです。ベゾスは焦ります。この急成長に乗り遅れないようにしなければ、と。

これだけ成長が速ければ、インターネットを利用した事業も成長するはずだ。そう考えたベゾスは、インターネットを利用したショッピングサイトのアイデアを思いつきます。

では、どんな商品を扱えばいいか。二〇点ほどのリストを作って検討した結果、まずは書籍から始めるのがいいと考えました。

なぜ書籍から始めたか？

アマゾンは書籍をインターネットで販売するところから始まりました。なぜ書籍から始めたのでしょうか。

これが菓子や玩具、ペット食品だったら、どうでしょうか。実際に届いてみないと、どんなものかわかりませんね。いまでこそアマゾンの名前はみんな知っていますし、信用も得ていますが、当時は、そもそもネットショッピングが根付いていませんでした。

その点、書籍は、どの店でも全く同じものが買えます。客が商品の質を心配しないで注文することができたのです。

また、書籍の世界には大手取次業者が存在するので、個別の出版社と交渉する必要がありませんでした。取次会社に本を注文すれば、届けてくれたのです。

書籍は三〇〇万点以上あり、アメリカの大手の書店チェーン「バーンズ＆ノーブル」でさえすべての在庫を持つことは不可能です。しかし、インターネットの世界なら、大量の在庫を収納する巨大倉庫も必要ありません。名もなく、信用もなく、満足な倉庫もない小企業には、ピッタリの商品だったのです。

ただし、巨大企業に成長したアマゾンの倉庫は、いまや巨大なものになっていますが。

当時でも、すでにオンライン書店は登場していました。そこでベゾスは、ためしにそのうちのひとつに本を注文してみました。事業の可能性を調べたのです。

本を注文してから届くまで二週間かかり、届いた本は輸送中にボロボロに傷んでいました。

ベゾスは、ここに大きなチャンスを見たのです。

しかし、D・E・ショーで、この事業を始めたのでは、自分の会社を持つことはできない。一刻も早く起業したいと考えた彼は、D・E・ショーの創設者のデビッド・ショーに独立を相談します。驚いたのはショーです。優秀な人材だけに引き留めにかかります。

迷ったベゾスが考え出したのが、「後悔最小化理論」でした。自分が八〇歳になったときに、会社を辞めてボーナスをもらい損なったと思い出すことはないはずだ。しかし、

「このインターネットというもの、世界を変える原動力になると思ったものに身を投じなかった場合、あのときやっておけばよかったと心から後悔する可能性があると思いました。こう考えると……決断は簡単でした」(同前)。

「アマゾン」設立

かくしてアマゾンが誕生することになります。当初ベゾスはカリフォルニア州で起業しようと考えますが、売上税に関する一九九二年の最高裁判所判決があることに気づきます。これは、物理的に業務を行っていない州では商店に売上税の徴収義務がない、というものです。

この判決を有効に利用していたのが、カタログでの通信販売をしている会社です。人口の多いカリフォルニア州やニューヨーク州に本拠を置くと、その州内で販売した商品の売上税を徴収しなければなりません。

ところが、西海岸のワシントン州のような人口の少ない州に本社を置けば、カリフォルニアやニューヨークでの売り上げに関して売上税を徴収する必要がないのです。

前章で取り上げたマイクロソフトのビル・ゲイツは、生まれ故郷であり、落ち着いた環境のシアトル郊外に移り住みましたが、ベゾスは、売上税の徴収をしないで済むという税金対策でシアトルにやってきたのです。

ベゾスが最初につけた社名は「カダブラ」（Cadabra）でした。有名な魔法の呪文である「アブラカダブラ」の下半分から採りました。魔法の力を持っている、という意味のつもりでした。

ところが、電話では「カダバー」（Cadaver：死体）と聞き間違える人が続出。とても商売になりません。

そこで考えたのは、アルファベットのAから始まる名前でした。というのも、当時人気のあったヤフーの検索サイトでは、検索結果がアルファベット順に表示されたからです。

これは、日本の引っ越し業者アート引越センターのネーミングの由来に似ていますね。日本の職業別電話帳は社名がアイウエオ順に掲載されているからです。さらに、ひらがなの「あ」よりカタカナの「ア」のほうが上位であり、さらに「アア」よりは「アー」が上でした。そこで「アート」と名付けました。引っ越しを頼もうと客が職業別電話帳の運送業の項目を開くと、真っ先に「アート引越センター」の名前が飛び込んでくるというわけです。

それはともかく、ベゾスは、多くの支流を持つ世界最大の川アマゾンから社名をつけることにしました。世界最大の書店になることを目指していたからです。

「ロングテール」を開拓

開業当初は、混乱に次ぐ混乱でした。予想以上に注文が来るのですが、発送のシステムができていなかったため、ひたすら手作業に頼るしかなかったのです。

客からインターネットで注文が来ると、取次会社に発注。一週間ほどして本が届くと、それを荷造りして客に送るという原始的な方法だったのです。

ここでの気づきが「ロングテール」というものです。人気の書籍は大量に注文が来ますが、それほど売れない書籍であっても、インターネットでなら、全米各地から注文が入り、それなりに売れるのです。この売れ行きをグラフにすると、まるで恐竜かゴジラの尻尾のようにそこそこ売れる本が長く伸びるという事実でした。これがロングテール（長い尻尾）です。

たとえ少部数ずつであっても、積み重なれば、十分商売になるのです。

ただし、ここで困ったのが、取次への発注方法です。書籍の注文は一〇冊単位だったからです。これに対して受注は一冊。そのたびに一〇冊ずつ注文していたのでは、倉庫が溢れてしまいますし、資金も枯渇します。そこで生み出された発注方式は、とてもズルいものでした。

取次のカタログには掲載されているけれど、実際には在庫のない本を選び、目当ての本一冊とダミー注文の本九冊を同時に発注するのです。こうすると、取次から九冊の本の在庫がないお詫《わ》びの手紙と共に、必要な書籍一冊が届くというわけです。

画期的だったサービス

ジェフ・ベゾスの経営方式は、短期的な利益を追わず、たとえ赤字になっても収益は顧客サービスに投資するというものでした。これにより、いまでは私たちが当然と考えるさまざまな手法が開発されました。

たとえば売れ行きのランキングです。一般の書店で表示される売り上げランキングは、せいぜい一〇位くらいまででしょうが、インターネットの書店なら、いくらでも表示できます。かくして売り上げランキングが一万位や一〇万位のものも出てきます。本が売れるたびに順位は変動します。著者や出版社が、まさに一喜一憂することになるのです。

私事ですが、自分の本が発売されても順位が低迷しているとガッカリしますし、新聞広告が出た途端、順位が跳ね上がるのは快いものです。これですと、どの新聞に広告を出すと効果的かまで判明してしまいます。

カスタマーレビューも画期的です。読者が本の感想を自由に書き込め、誰もが読める仕組みです。悪口が書かれると、著者も出版社もガッカリしますが、ウェブの管理者が敢えて削除しないことで、利用者の信頼感や親近感が醸成されます。

ただし、批判や悪口を書き込まれた著者は、当分立ち上がれないようなダメージを受けることもあります。「こんなことまで言われるのなら、もう二度と本など書かない」と決意してしまうのは、こういうときです。

注文した本を、いったんショッピングカートに入れるシステムも、よく考えられています。ついつい何冊もカートに入れてしまいがちになります。

いったんカートに入れてから注文を出すという手間を省いたのが「ワンクリック」です。住所と氏名、クレジットカード番号などを登録しておけば、あとは欲しい本をワンクリックするだけで注文完了になる仕組みです。これでまた、たくさん本を買ってしまいがちになります。

アマゾンは、この仕組みの特許を取得しています。このため、ライバル企業は、ワンクリックを使えません。余計な手間をかけさせているのです。したたかな商法です。

このほか、「なか見！検索」機能で、本の中身を一部読むことを可能にするサービスもあります。「そんなことをしたら本が売れなくなる」と反対する声もありましたが、実際には売れ行きが伸びました。

リアル書店との戦い

アマゾンが事業を拡大すると、既存の書店にとって脅威になります。とりわけ危機感を抱いたのが、全米最大の書店チェーン「バーンズ&ノーブル」でした。アマゾンは事業拡大のために株式公開の準備を始めますが、ここにバーンズ&ノーブルが異議を申し立てます。アマゾンが「地球最大の書店」を謳《うた》い文句にしたことが虚偽だと連邦地方裁判所に広告差し止めと損害賠償を請求したのです。

同社の主張は、次のようなものでした。アマゾンはごく一部の書籍を除いて、実際には在庫を持たずに商売しているが、バーンズ&ノーブルの店舗には一七万種類の書籍の在庫がある。在庫数、店舗数、売り上げ規模その他のあらゆる客観的な基準から見て、アマゾンは世界最大とは言えない。虚偽の広告により、バーンズ&ノーブルの売り上げに深刻な被害を与えている（富士通総研ウェブサイト「インターネット書店戦争勃発」）。

この訴訟は、結局は法廷外で和解しますが、皮肉なことに、この訴訟がニュースになったことで、アマゾンの存在が世間に知られることになります。

バーンズ&ノーブルは、訴訟を起こすと同時に、自社もウェブサイトを開設。アマゾンに反撃します。

この攻撃にもめげずにアマゾンは一九九七年五月、株式を公開。五四〇〇万ドルの資金調達に成功します。

こうしてアマゾンは事業拡大を果たしますが、その結果、全米各地で従来の書店（ネット上の書店ではないという意味でリアル書店と呼ばれる）が次々に閉店に追い込まれることになります。

バーンズ&ノーブルも、オンライン書店の事業を拡大すると、既存店舗の売り上げに影響するというジレンマを抱え、アマゾンへの追撃は思うようにいきませんでした。

ちなみに私はニューヨークに行くたびに五番街に面したバーンズ&ノーブルの店を訪ねます。多数の書籍、店独自の展示方法、二階の喫茶店のコーヒーの香りなど、リアル書店ならではの魅力を満喫します。こちらはこちらで生き残ってほしいものです。

赤字続きの新興企業

株式公開の翌年の一九九八年、アマゾンは、いよいよ書籍以外に手を伸ばします。まずは音楽CD、次いでDVDと、品揃《しなぞろ》えを増やしていきます。このころになると、アマゾンの評判はすっかり定着。客は安心してアマゾンでさまざまな商品を買うようになったのです。

それでもアマゾンは赤字続きでした。ベゾスは、得られた利益を新たな投資に注《つ》ぎ込んだからです。扱う商品が増えれば、巨大な倉庫が必要になります。全米各地に自動化された巨大な倉庫を次々に建設していきます。ワンクリックでの買い物などのサービスのシステム構築にも莫大な資金が必要でした。

つまり、短期的な利益は求めず、顧客が使いやすいサービスを充実させていけば、いずれ結果がついてくる、という方式だったのです。

しかし、この経営方針は、なかなか理解されず、赤字続きのために株価が下がったり、従業員が去ったり、という紆余《うよ》曲折を経ます。株式アナリストの中にはアマゾンの破綻を予言する人物も現れ、そのたびにアマゾンは逆風にさらされます。

そのアマゾンが、初めて黒字を出したのは、二〇〇一年一〇月~一二月の四半期決算でのことでした。二〇〇三年には通年の黒字化も実現しました。我慢強かった社員も株主も、ようやく報われたのです。

キンドルの普及

インターネットを使って書籍を販売する。ところが、そもそもインターネットを使えるなら、なにも本それ自体を売る必要はない。読者は中身を読みたいのだから。こうして電子書籍サービス、キンドルの発想が生まれます。

しかし、キンドルの性能に関して、開発陣にベゾスが課した条件は、当時としては実に厳しいものでした。

読者が手に取って文章を読み出したら、装置の存在を忘れることができるようなものであること。技術に疎いおばあちゃんでも容易にダウンロードできること。書籍を検索できるようにキーボード表示できること。ダウンロードに必要な通信料金の支払いを読者に求めないこと。

アマゾンの技術陣は、ベゾスの無理な要求にひとつひとつ応えなければなりませんでした。

さらにハードが完成したところで、読むべき本が電子化されていなければ、読者は読むことができません。アマゾンは各出版社に対し、書籍の内容をデジタル化してアマゾンが使えるように要求します。

このころには、出版社とアマゾンの力関係は逆転していました。設立当初のアマゾンは、取次を通して出版社から本を仕入れていましたが、アマゾンを通しての注文がなくなると、売り上げが激減してしまう出版社が出てきていたのです。アマゾンに迫られた出版社は、拒否できず、電子書籍の種類が増えていくようになります。

二〇〇七年、初代キンドルが発売されたとき、デジタル化されて読める書籍は九万種類にまで拡大していました。

「ワシントン・ポスト」を買収

アマゾンが飛躍的に成長することで莫大な財産を得たベゾスは、二〇一三年、私財を投じて高級紙「ワシントン・ポスト」を買収します。

アメリカでも例外なく新聞の購読者数は減少しています。多くの人がスマホでニュースを得るようになっていました。紙の新聞は消えてしまうのか。ベゾスの結論は、そうではありませんでした。新聞社には、もっとできることがある、というわけです。

「ワシントン・ポスト」は二〇一六年夏、話題になります。新たに導入されたロボット記者（AI：人工知能）がリオデジャネイロ・オリンピックのスポーツ結果の記事を書いたというのです。

これまでスポーツの結果は、記者がひとつひとつデータを確認しながら定型的な文章に流し込んでいました。こうした業務はAIに任せ、人間の記者は、競技をめぐるドラマや結果の解説に専念できる、というわけです。

ベゾスが買収した後の「ワシントン・ポスト」は、人工知能関連の事業を開発する大規模なチームを発足させたそうです。新聞業界に新たな展開を見せてくれそうです。

第六章
ドナルド・トランプ

不動産王からアメリカ合衆国大統領へ。
「誇張、はったり、ウソ」と、どう付き合えばよいのか？

写真提供 ユニフォトプレス

「暴言王」が米大統領に

まさか、と思った人も多かったことでしょう。アメリカの第四五代大統領にドナルド・ジョン・トランプが就任しました。

彼が二〇一五年の夏に大統領選挙への意欲を示したときは、ひやかしかと思ったものですが、年が明け、共和党の大統領候補選びが始まると、並み居るライバルを次々に蹴落とし、大統領候補になってしまいます。私は七月の共和党大会を取材し、候補者指名受諾演説を会場で聞きましたが、格調に欠け、主張も論拠に乏しいものでした。

共和党の候補者選びの段階では、女性候補の顔を貶《けな》したり、障害のある新聞記者の質問が気に入らないと、次の演説会で、障害の様子を身振り手振りで再現してからかったりしてきました。まさに「暴言王」としか言いようのないものでした。

それでも共和党の正式な候補になれば、暴言も影を潜めるのではないかと思ったのですが、そんなことはありませんでした。民主党の大統領候補になったヒラリー・クリントンへの攻撃は、あまりにレベルが低く、論戦の体《てい》をなしませんでしたが、支持率がそれほど下がることがないまま投票日を迎えました。

彼は、今後は「政治家編」で取り上げるべき人物になりましたが、ここでは「経済人」としてのトランプの人生を振り返ってみましょう。いわば番外編です。

イデオロギーなきビジネスマン

トランプは、選挙戦中から中国を批判し、当選直後には台湾の蔡英文《さいえいぶん》総統と電話会談をしてみせます。しかし、トランプが中国を批判するのは、アメリカの対中貿易赤字が巨額に上っているため。中国の人権問題や南シナ海での海洋進出に関しては関心を示していません。台湾の総統と電話会談したことに驚いたのは中国だったでしょう。これまでの「ひとつの中国」の原則にこだわらないとまで言い放ったからです。

この行動は、台湾が「自由と民主主義」を守っているからではありません。巨額な対中貿易赤字を問題にしているからというだけ。台湾も「ひとつの中国」原則も、トランプにかかっては取引材料にすぎません。問題が解消すれば、お役御免となることでしょう。彼は取引が好きなのです。

「私は取引そのものに魅力を感じる」「私にとっては取引が芸術だ。私は取引をするのが好きだ。それも大きければ大きいほどいい。私はこれにスリルと喜びを感じる」（ドナルド・トランプ、トニー・シュウォーツ著、相原真理子訳『トランプ自伝』）

ＴＰＰ（環太平洋経済連携協定）からの離脱を宣言したのも、多国間協議が気に食わないからです。個別に各国と取引すればいい、という姿勢なのです。

そこで私は彼を「イデオロギーなきビジネスマン」と名付け、彼の言動をチェックしています。この観点から見れば、予測が難しそうなトランプ大統領の行動パターンも見えてくるのではないでしょうか。

ミリタリースクールからウォートンへ

ドナルド・トランプは一九四六年、ニューヨーク市のクイーンズで生まれました。父親は成功した不動産業者で、お抱え運転手やコックを雇い、二三室もある巨大な邸宅で暮らしていました。ドナルドを含めて兄弟姉妹は五人。姉が二人に兄と弟が一人ずつで、ドナルドは四番目です。

父親はドイツ系移民の子、母親はスコットランドからの移民でした。

贅沢な邸宅で典型的な金持ちの暮らし。名門の私立小学校に入ったドナルドは、わがまま放題に育ち、小学生時代は、手のつけられない「悪ガキ」だったようです。小学生のときに音楽教師を殴りつけたというのです。

ただし、これは自分が主張していること。誇張や捏造《ねつぞう》の多いトランプのことですから、事実かどうかは確認できません。

ただ、父親は息子の行く末が心配だったようで、ドナルドが八年生になると、軍隊式の教育をする私立の全寮制学校ニューヨーク・ミリタリー・アカデミー（ＮＹＭＡ）に転入させます。

この学校は、徹底的な軍隊式で、生徒たちは軍服風の制服を着用し、少尉や中尉といった階級がつけられていました。ドナルドは「大尉」にまで昇進したそうです。教師は退役軍人が多く、軍隊式の教育を行い、当時は体罰が日常茶飯事だったようです。ドナルドは、ジャーナリストの取材に対し、「連中はいつも生徒をぶん殴っていた」と答えています（マイケル・ダントニオ著、高取芳彦、吉川南訳『熱狂の王 ドナルド・トランプ』）。

「ドナルドはNYMAで、弱い者が虐げられるのは世の習いだと確信し、競い、勝つことがすべてだという考え方を強めた」（同前）

彼はここで、「勝つことがすべて」ではなく、「勝つ以外にない」という考え方を叩《たた》き込まれたのです。

また、野球の対抗試合で活躍したことが地元紙に掲載されると、有頂天になったようです。「印刷物に名前が載る者がどれだけいる？　新聞に載ったのはあれが初めてだった。すごいことだと思ったよ」（同前）と述懐しています。マスコミによって、自分の名前が世間に知られるようになること。彼は、この快感を知ったのです。いまのトランプの言動を見るにつけ、このときの体験が大きな影響を及ぼしていることがうかがえます。

この学校を卒業すると、彼はイエズス会が運営している地元のフォーダム大学に通います。大学には自宅から通い、週末は父親の不動産業を手伝いました。父親は建設現場に息子を連れていき、仕事の心得を教え込みました。

この大学に二年通った後、不動産の専門学科を持つペンシルベニア大学経営学部（ウォートン・スクール）に転校。一九六八年に卒業します。

ウォートン・スクールは、経営大学院が名門として知られていますが、彼が卒業したのは学部レベルでした。ところが、彼の自伝には「大学院に入学した」と記述しています。ここでも彼の誇張癖が見えてきます。

なぜペンシルベニア大学だったのか。彼の自伝には弁解のような説明が掲載されています。「当時は、実業界で身を立てようと思う者は、ウォートンへ行くべきだと考えられていた。ハーヴァード・ビジネス・スクールは多くのCEO、つまり大企業の経営者を輩出してはいる。だが本物の起業家にはウォートン出身者が圧倒的に多い」（前掲『トランプ自伝』）。

当時のアメリカはベトナム戦争の最中。ドナルドの同世代の若者たちは徴兵され、続々とベトナムに送り込まれました。ところがドナルドは、「足の踵《かかと》の骨が尖《とが》っていて軍隊には向いていない」という医師の診断書を提出して徴兵を免れています。彼が大統領選挙への出馬を表明すると、メディアは、この「徴兵逃れ」疑惑を追及します。問題があった踵は左右どちらだったのか、診断書を出したのはどこの医師かを問い質《ただ》します。すると彼は、どちらの足か忘れた、医師の名前も覚えていないと答えています。また、別の機会には、問題の踵は「両方だ」と答えたこともあります。

その彼が、アメリカ軍の最高司令官に就任したのです。

父から不動産業を引き継ぐ

ウォートン・スクールを卒業すると、父親が経営する「エリザベス・トランプ・アンド・サン」に入社。不動産の管理や投資について学びます。父親フレッド・トランプの経営は、あらゆる手法を駆使し、違法スレスレの方法を取っていたことがわかっています。たとえばニューヨーク市内の建設工事では、建設機材購入用の別会社を設立。ショベルカーやトラックなどの機材を購入した後、フレッドが手がける建設工事に実費の二〇倍もの価格でリースしていたというのです。建設作業を担当したトランプ社への報酬は建設費用の総額に基づいて決まっていたため、トランプ社は、リース料でも建設作業の報酬でも多額の利益を得ていたのです。

父親は、自分の後継者として長男のフレッド・ジュニアを育成しようとします。しかし、心優しい長男は、荒々しい不動産や建設業での仕事に向いておらず、父の会社を退社。航空機のパイロットに転身してしまいます。優しさゆえにストレスを溜《た》め込みやすい彼は、次第に酒やたばこに耽溺《たんでき》。航空会社を解雇された後もアルコールに溺れ、四三歳の若さで亡くなってしまいます。その様子を見ていたドナルドは、酒やたばこには一切手を出さないできました。

一九七一年、遂にドナルドは、父から会社の経営権を与えられ、社名を現在の「トランプ・オーガナイゼーション」に改めます。それ以来ドナルドは、ホテルやカジノ、ゴルフコースなど、多くの施設を建設しては、トランプの名称をつけていくのです。

再開発で手腕

ドナルド・トランプの名前が知られるようになったきっかけは、ニューヨークの一等地にありながら経営が傾いていたホテルを再生したことです。

場所はマンハッタンのグランド・セントラル駅の横に立つコモドア・ホテルでした。かつては繁盛したホテルも、老朽化し、ライバルのホテルが誕生する中で、すっかり寂れていました。トランプはここに目をつけ、ニューヨーク市に対しては、再開発によって市の発展に寄与するからと言って多額の税金の免除を受け、ホテルの運営はハイアットに委託します。

こうして一九八〇年、全面ガラス張りの高級ホテル「グランド・ハイアット・ニューヨーク」がオープンしました。

このとき彼は、まだ三四歳。若き不動産経営者として名前が轟《とどろ》きます。

この過程で、トランプは荒っぽい手口を駆使しました。頻繁に記者会見しては、ホテルの事業計画を吹聴《ふいちょう》。計画が順調に進んでいるかのような印象を世間に与えます。

その一方、ホテルを所有していた鉄道会社に対しては、ハイアットとの契約がまとまっていなかったのにまとまったかのように説明します。

さらにニューヨーク市には契約書ができていないのに、契約書のように見える書類を提出して、周囲を誤解させることで、計画を遂行したのです。まさに、はったりでした。こうしてみると、彼は、通常の意味での経営者とは呼べません。はったりと抜け道探しによって事業を拡大していく。これが彼の手法でした。

トランプ・タワーを建設

次にトランプが目をつけたのが、マンハッタンの中心部五番街でした。小説や映画の『ティファニーで朝食を』で知られる宝飾店「ティファニー」。この横にあったデパートが経営難に陥っているのを知ったトランプは、買い取りに動きます。グランド・ハイアットの開発で勇名を馳《は》せていただけに、再開発ができる男という信用を得ていたことが、事業を後押ししました。

このときトランプは、ティファニーの「空中権」を購入することで、高層ビルを建設することに成功します。空中権とは何か。建物の高さの上限は市の用地区分によって決まります。その上限まで開発する権利を空中権と呼びます。ある土地の建物が上限より低い場合、土地の所有者は、余った高さの空中権を近隣の土地所有者に売ることができ、買った所有者は、通常の上限より高い建物を建設できるのです。

トランプは、ティファニーの空中権を買うことで、五八階建ての「トランプ・タワー」を建設するのです。ちなみにトランプは、この建物を六八階建てだと称していますが、アメリカ建築家協会は五八階しかないとコメントしています。

このビルの部屋を、トランプは金持ちに売ろうと考え、ある噂《うわさ》を流したとされています。イギリスのチャールズ皇太子とダイアナ妃がトランプ・タワーの部屋の購入を検討しているという噂です。

まともに考えれば、なぜイギリスの王室のメンバーがニューヨーク五番街のビルの一室を買わなくてはならないのか、という疑問が湧きますが、それほどに格調の高いゴージャスな建物だ、というイメージが広がれば、それでよかったのです。

イギリス王室は、この噂についてコメントすることを拒否しました。噂を否定したのではなく、コメントを拒否したことで、かえって噂が本当に思われてしまったのです。

商売のためなら、どんな奇想天外なウソをついても構わない。これがトランプ流です。

ドナルド・トランプは、このビルに住居を構えています。トランプが大統領に就任し、ワシントンのホワイトハウスに住むようになっても、妻のメラニア夫人は、息子と共にここに住み、トランプは頻繁にニューヨークに帰ってきています。

いまやニューヨークの名物になったタワーには、反トランプの人たちが押し寄せたり、観光客がのぞきに来たりしています。

航空会社まで経営

こうして時代の寵児となったトランプですが、いい気になって事業を拡大した結果、痛い目にも遭うようになります。航空会社とカジノ経営は、大失敗に終わります。

一九八〇年代、当時経営不振に陥っていた航空会社イースタン航空のニューヨーク・ラガーディア空港発着のシャトル便の路線網を買収します。シャトル便とは、近距離の都市間を頻繁に往復する航空路線のことです。バドミントンのシャトル（羽根）のように行ったり来たりするので、この名が付いています。

買収して名前を変えるとすれば、もちろん「トランプ・シャトル」です。しかし、金ぴかに仕立て上げるために多額の資金を使った結果、会社は利益を上げることができず、撤退に追い込まれます。

カジノを倒産させる

アメリカのカジノの街としては西海岸に近いネバダ州のラスベガスが有名ですが、東海岸のニュージャージー州にもアトランティック・シティというカジノの街があります。一九八二年、トランプはカジノの運営許可を取得し、カジノ経営に乗り出します。

トランプは自分を金持ちだと吹聴し、芸能週刊誌「ピープル」は、トランプの資産が一〇億ドル以上だと書きましたが、カジノを監督するニュージャージー州のカジノ管理局は、トランプの銀行口座の残高は四〇万ドル以下と結論づけます。

カジノを運営するには、多額の資金が必要になりますが、トランプは資金調達に困難を来します。結局、高金利の資金の融資を受けますが、利子の支払いにも窮し、経営が行き詰まります。結果、「トランプ・プラザ」「トランプ・マリーナ」「トランプ・タージマハール」を経営するトランプ・エンターテイメント・リゾーツ社は、二〇一四年九月、連邦倒産法第一一条の適用を申請。二〇一六年に倒産し売却され、投資家カール・アイカーンの会社の傘下に入りました。

トランプにとって、手痛い挫折でした。

トランプ・タージマハールがオープンする前、カジノ業界のアナリストだった証券会社社員のマーヴィン・ロフマンは、当初は客が入るだろうが、間もなく経営に行き詰まるだろうというコメントを発表しました。結果として彼の分析は正確だったことが間もなく判明しますが、トランプは激怒。ロフマンの所属する証券会社に対し、ロフマンが謝罪するか、ロフマンを解雇しない限り、訴訟を起こすと通告します。ロフマンは謝罪を拒否し、証券会社から解雇されてしまいます。

トランプは、気に食わない記事やコメントに接すると、こういう態度を取ってきたのです。

テレビ番組で人気に

二〇〇四年、トランプは全米に広く知られるようになります。全米ネットワークNBCで「アプレンティス」（見習い）という番組のホストになったのです。

これは、「リアリティショー」と呼ばれる種類の番組です。「有名になりたい」という一般の人たちが集められ、テレビカメラの前で生き残りを競うというものです。たとえば、孤島に放り出された若者たちの、生きるために必死になる人間模様を見るといった趣向です。これを、ドナルド・トランプのトランプ・タワーで収録することになりました。

第一回が放送されたのは二〇〇四年一月。初回に参加する一六人の出場者の一人になろうと、実に二一万五〇〇〇人が応募しました。出場者たちは、毎回トランプから与えられた課題に取り組みます。初回の課題は「マンハッタンの路上でレモネードを売ること」でした。

毎回、最も成果が出なかった者が一人選ばれ、トランプが、その人物に対して「You're fired」（お前はクビだ）と言い渡す趣向でした。最後に勝ち残った一人だけが、トランプの会社に採用される、というわけです。

番組は話題を呼び、当初は高い視聴率を取りました。それでも視聴率トップになることはなかったのですが、トランプは、テレビ局に対して「視聴率トップの番組だ」と売り込むように要求し、テレビ局を悩ませました。

何が何でも自分を売り出す。トランプは、この番組で欲求を少しは満たすことができたようです。

トランプのメディア対策

トランプは、自分をマスコミに売り込む方法について、次のように述べています。たとえネガティブな記事であっても、無視されるよりは、ずっと効果がある、というのです。「マスコミについて私が学んだのは、彼らはいつも記事に飢えており、センセーショナルな話ほど受けるということだ。これはマスコミの性格上しかたのないことで、そのことについてとやかく言うつもりはない。要するに人と違ったり、少々出しゃばったり、大胆なことや物議をかもすようなことをすれば、マスコミがとりあげてくれるということだ。私はいつも人と違ったことをしてきたし、論争の的になることを気にせず、野心的な取引をしている。また若くして成功をおさめ、ぜいたくな生活をしてきた。その結果、マスコミは好んで私の記事を書くようになった。

私はマスコミの寵児というわけではない。いいことも書かれるし、悪いことも書かれる。だがビジネスという見地からすると、マスコミに書かれるということにはマイナス面よりプラス面のほうがずっと多い。理由は簡単だ。ニューヨーク・タイムズ紙の一面を借りきってプロジェクトの宣伝をすれば、四万ドルはかかる。そのうえ、世間は宣伝というものを割り引いて考える傾向がある。だがニューヨーク・タイムズが私の取引について多少とも好意的な記事を一段でも書いてくれれば、一銭も払わずに四万ドル分よりはるかに大きな宣伝効果をあげることができる」（前掲『トランプ自伝』）

トランプは、大統領になっても、自分のことを高く評価しないメディアを「フェイク・ニュース」（ウソのニュース）と決めつけ、質問に答えないという態度を取っています。

自分を偉大に描かないと敵とみなす。肥大化したエゴの塊に人々が呆《あき》れているうちに、とうとう世界最大の権力者の座を勝ち取ってしまったのです。

大統領就任式の当日、会場に集まった観衆は約九〇万人と推定されています。八年前のオバマ大統領の就任式では一八〇万人が集まりました。両者の参加者数の違いを比較したテレビ局に対し、トランプ大統領は「会場は超満員だったのに、あるテレビは人がいない場所を映した」と批判し、そうしたテレビ局は「大きな代償を払うことになるだろう」と言ってのけました。証拠の写真があってもウソだと言い逃れをしてきたトランプの面目躍如でした。

トランプを取材してきたジャーナリストは、トランプ現象を、こう総括しています。

「ドナルド・トランプは特異な男ではない。彼はむしろ、現代を生きるわれわれの誇張された姿に過ぎない。だが、自身を特別な存在であると考えたくてたまらない彼にしたら、この結論を不快に思う可能性が高い。それは、われわれにとっても同じである」（前掲『熱狂の王 ドナルド・トランプ』）

誇張とはったりとウソで人生を歩んできた人物と、我々はどう付き合えばいいのでしょうか。

その後、大統領選挙中にトランプ陣営がロシア側と連絡を取り合い、ロシアが大統領選挙に介入していた疑惑が浮上します。ＦＢＩが捜査を始めると、トランプ大統領はＦＢＩ長官を解任してしまいました。

これに対して司法省は疑惑を追及する特別検察官を任命して、捜査を継続させています。アメリカには、大統領の暴走を許さない仕組みもあるのです。

第七章
マーク・ザッカーバーグ

フェイスブックを立ち上げて、
「ハーバード大学卒業」を棒に振ったコンピューターオタク？

写真提供　ユニフォトプレス

フェイク・ニュースに揺れたフェイスブック

二〇一六年のアメリカ大統領選挙。「暴言王」と呼ばれたドナルド・トランプ当選の理由のひとつは、大量のフェイク・ニュースが飛び交ったからだと言われています。

たとえば、「ローマ法王がトランプ候補を支持と表明」「民主党のヒラリー・クリントン候補がＩＳ（イスラム国）に武器を売却」といった類です。

とりわけ深刻だったのは、首都ワシントンのピザレストランを舞台にしたフェイク・ニュースです。クリントンなど民主党の幹部たちが、ピザレストランを拠点として児童買春組織を運営しているというものでした。名指しされたレストランには、ウソを信じた人たちが抗議に押しかけました。被害を名乗り出た人は一人もいないし、そもそも証拠がひとつもないのに、ウソニュースは大々的に拡散しました。

遂にはこのウソニュースを信じた男がライフルを持って店を襲撃するという事件に発展しました。

少し考えればウソに決まっている情報なのに、信じた人が多かったのです。実はここには「フェイスブック」の存在があります。フェイスブックに、こうしたウソニュースが大量に流れていたのです。

ウソニュースのほとんどは、クリントンに不利かトランプに有利なものでした。選挙戦の結果に影響したと言われる所以《ゆえん》です。

アメリカの世論調査機関「ピュー・リサーチセンター」によると、二〇一六年一〜二月の段階で、アメリカ人のフェイスブック・ユーザーのうち、フェイスブックでニュースを読む人は六六パーセントに上るといいます。アメリカ人の大人のおよそ六割がソーシャルメディアでニュースを得ている時代です。会員同士の交流サイト、フェイスブックを見たり書き込んだりしている熱心な会員（アクティブ・ユーザー）は世界に一八億人。まさに世界を動かすようになったのです。

フェイスブックの創業者マーク・ザッカーバーグは、当初このフェイク・ニュース騒動を静観していましたが、あまりの影響力に驚き、同年一二月、対策を発表しました。

それによると、フェイスブックの利用者が「フェイク・ニュースではないか」と考えたニュースに「Disputed」（真偽がはっきりしない）という警告ラベルを貼ることができる仕組みにしました。これを一般の利用者が見ることができるので、警告になります。

また、ラベルが多数貼られたニュースについて、事実確認専門の第三者機関に確認を依頼する、というものです。第三者機関としては、ファクトチェック（事実確認）専門サイトや大手テレビネットワークのＡＢＣニュース、ＡＰ通信の協力を得ます。

利用者は、もし警告ラベルがついたニュースを見た場合、その理由を確認するリンクに飛んで事実関係を確認できる仕組みです。

世界をここまで動かすことになった会員交流サイト「フェイスブック」。

二〇一〇年暮れに北アフリカのチュニジアから始まった「アラブの春」でも、フェイスブックは反政府勢力が情報交換をする手段を提供しました。

創業者のザッカーバーグは、いわゆるコンピューターオタク。大学で腹いせに作ってみたサイトが思わぬ反響を呼んだことで、その将来性に気づく。モラルの点で疑惑を招く行動を繰り返しながらも、会社を拡大。遂に若くして巨万の富を築く。ところが、自分に子どもが生まれると、未来の子どもたちのために持ち株の九九パーセントを寄付することにした。

まるで映画のような物語です。いや、本当に彼をモデルにした映画『ソーシャル・ネットワーク』が生まれています。

いったいどんな経歴の若者なのでしょうか。

コンピューターに囲まれた少年時代

マーク・ザッカーバーグは一九八四年、ニューヨーク州ウェストチェスター郡で生まれました。ニューヨークといってもニューヨーク市とニューヨーク州では大きな違いがあります。育ったのは大都会ではなかったのです。しかし、家庭には恵まれていました。父は歯科医、母は精神科医というインテリのユダヤ系の家庭でした。姉が一人と妹が二人います。

父親はコンピューターに熱中していて、子どもたちに当時の最新のコンピューターを買い与えています。息子の上達ぶりに驚いた父親は、わずか一一歳の息子にソフトウェアの開発者を家庭教師につけたり、大学院生向けのコンピューター講座を受けさせたりしています。

息子も父親の期待にたがわず、中学生になると、すでに父親の歯科医院のために患者の来院を告げるソフトを開発しています。教育熱心な父親によって、天才マークの才能が花開いたのです。

では、当時はどんな時代だったのか。

マイクロソフトを創業したビル・ゲイツはCEO（最高経営責任者）から引退したとき、ライバルは誰かと聞かれて、「どこかで小さな会社をおこし、自宅のガレージを作業場に何かを生み出そうとしている若者たちだ」と答えています（桑原晃弥『マーク・ザッカーバーグ 史上最速の仕事術』）。

まさにその言葉どおり、名もない若者たちがグーグルを創業しました。グーグルは二〇〇四年、NASDAQ（ナスダック）に上場を果たし、巨大企業としてマイクロソフトを脅かす存在になりました。

そして、その年、ザッカーバーグはフェイスブックを創業しました。コンピューターやインターネットが、全く新しい時代を切り開く。若者たちがネットを使って次々に起業する時代の始まりでした。

エリート高校に転校

天才のザッカーバーグにとって、地元の公立高校は退屈だったようです。本人の希望で、フィリップス・エクセター・アカデミーという私立高校に転校します。ここは、エリート大学への進学に特化した全寮制のエリート高校でした。アメリカには、こうしたエリート高校（ボーディング・スクールと呼ばれる）が各地にあり、ハーバード大学やスタンフォード大学に大勢の卒業生を送り込んでいます。

ここでザッカーバーグはフェンシングをするようになります。成績も良かったようです。

彼は在学中、級友と音楽再生用のフリーソフトウェア「シナプス」を開発します。利用者が以前に聞いた曲を元に、どんな傾向の曲が好きかを予測するというものです。これをオンラインで無料公開しました。天才高校生の名は、ここから知られるようになります。

「シナプス」に対しては、マイクロソフトなど複数の企業が興味を示し、一〇〇万ドルで買いたいというオファーもありましたが、ザッカーバーグたちはいったん断ってしまいます。大学に進学してから思い直し、オファーのあった企業と連絡をとりますが、もはや興味を示すところはありませんでした。

まさにタイミングとスピードが物を言う世界だったのです。

ハーバードでのイタズラから

二〇〇二年、ザッカーバーグはハーバード大学に進学します。すでに彼の名前は学内で有名でした。コンピューターの天才で、ハッキングをしてＦＢＩに目をつけられているという噂があったほどです。真偽のほどはわからないのですが。

大学ではキャンパス内にある大学の寮に入り、共同生活する中で友人たちの輪が広がります。入学早々から彼はプログラミングの腕を生かし、「コース・マッチ」というソフトを作りました。

これは、学生たちがどのコースを履修しているかリストを参照できるようになっていました。自分の友人あるいは気になる人が出席する科目がわかるので、自分がどの科目を履修するかを決める際の参考になるとして人気でした。

履修コースのリストなら問題ありませんでしたが、次に女子学生のリストを入手します。二年生のとき、イタズラ心から女子学生たちの顔を比較できるサイトを作りました。「フェイスマッシュ」といいます。当時ザッカーバーグはガールフレンドと喧嘩《けんか》していて、気晴らしになることを探していたというのです。

彼がやったことは、ハーバード大学のサーバーのセキュリティを破って侵入することです。大学の寮ごとに作成されているフェイスブック（学生の顔写真と名前を掲載した年鑑）のデータに不正にアクセスして女子学生たちの顔写真をダウンロード。得られた女子学生の顔写真を比較して、どちらがいいか勝ち抜き投票させるものでした。女子学生の了承を得ることなく、勝手に美人コンテストをする、というわけです。

ザッカーバーグは、友人たちのユーザーネームやパスワードを手に入れ、他の寮のサーバーにもアクセス。計九つの寮のデータを盗み出しました。彼は、ビールを飲みながら八時間でサイトを作り上げたと言っています。

彼がこのサイトを公開すると、爆発的な人気を呼びます。その一方で、女性差別に当たるとして問題にする学生たちもいました。

これを知った大学当局は、直《ただ》ちにザッカーバーグのインターネットへのアクセスを遮断。サイトがオンライン上に存在したのは、わずか四時間程度でした。

大学は、彼がコンピューターのセキュリティを破り、インターネット上のプライバシーを侵害したとして、ハーバード大学の理事会にかけ、半年間の保護観察処分にしました。危うく退学処分になるところでした。

「フェイスブック」を立ち上げ

しかし、これが彼の転機になりました。この事件で、彼はこうしたサイトへの学生たちの需要が極めて高いことに気づきます。

この事件はハーバード大学の学生新聞「ハーバード・クリムゾン」でも取り上げられま

した。紙面では、「学生たちの写真を本人の同意なしに使うのではなく、サイトに参加するかどうか本人が選べるようにしていれば問題にならなかったろう」という指摘がありました。「ひとりの学生がこういうものを作れるのだから、大学は、大学全体のオンライン版学生年鑑（フェイスブック）を作れるはずだ」という指摘もありました。

ザッカーバーグは後日、これらの指摘が、フェイスブックの基本的なアイデアを思いつくきっかけになったと述懐しています。

こうして二〇〇四年二月、ザッカーバーグは「フェイスブック」をスタートさせます。当初は「ザ・フェイスブック」という名称でしたが、なるべくシンプルな名前がいいと、その後に「ザ」をなくします。

しかし、フェイスブックが発足するに当たっては、自分たちのアイデアが盗まれたとザッカーバーグを批判する人物もいます。

当時、ハーバード大学内には、ザッカーバーグとは別に、学生たちがデートしやすいようにする学内限定の「ハーバード・コネクション」というサイトを作ろうとしているグループがいました。双子のウィンクルボス兄弟らでした。彼らは、学生新聞の報道でフェイスマッシュのことを知ると、ザッカーバーグに接触。自分たちのサイト立ち上げに協力するように求めます。彼らは、すでにできていた分のプログラムをザッカーバーグに渡しました。

ところが、彼らに言わせれば、ザッカーバーグは「ハーバード・コネクション」のプログラムに協力するどころか、このサイトのアイデアを参考に「フェイスブック」を作ったというのです。

この主張に対してザッカーバーグは、「こうしたサイトは、どこも同じようなアイデアを取り入れている」と反論。「椅子を発明した人が、別の椅子を発明した人を訴えることはできない」というたとえを持ち出しました。

結局、「ハーバード・コネクション」は、フェイスブックより遅れ、「コネクトユー」という名称でスタートしますが、思うように利用者を集めることはできませんでした。すでにフェイスブックがマーケットを独占していました。何事もタイミングが大事だというわけです。

ウィンクルボス兄弟はザッカーバーグを訴えます。これに対してザッカーバーグもコネクトユーがフェイスブックのサイトから違法に情報を収集したと訴えます。この訴訟は、最終的にウィンクルボス兄弟が推定で六五〇〇万ドル分の現金と株を受け取ることで和解しました。この結論からすれば、どちらに非があったかは明らかなように見えます。

ハーバードから全米へ、世界へ

フェイスブックはシンプルな作りでした。大学の学生年鑑そっくりです。利用者は自分の顔写真を登録します。フェイスマッシュのときは、ハーバード大学のサーバーに登録されていた身分証明書用の写真をザッカーバーグが勝手に貼りつけていましたが、フェイスブックは、自分でお気に入りの顔写真を掲載します。利用者は、プロフィール欄に連絡先や興味があること、受けている授業、恋人がいるかどうかなどを入力します。恋人がいるかどうか。実はこれが大事なのですね。フェイスブックは、学生たちの恋人探しに役立つのですから。

ただし、プロフィールの内容は、利用者が「公開」設定にした情報しか表示されません。

多くの人とつながりたいけれど、プライバシーがすべてオープンになるのは嫌だ。こんな利用者の気持ちを尊重したシステムにしたことが成功の秘訣《ひけつ》でした。これもフェイスマッシュの失敗から学んだことでした。

株式会社のフェイスブックを発足させるに当たって、ザッカーバーグは学内の友人のエドゥアルド・サベリンに出資を頼みます。サベリンは一〇〇〇ドルを出資し、引き換えに会社の権利の三割を確保しました。

ところが、やがてサベリンと決別。相互の訴訟合戦となります。こちらも最終的に和解します。和解内容は明らかになっていませんが、サベリンはフェイスブックの株の何割かを受け取り、フェイスブックのウェブサイトに共同創設者として名前が追加されました。

ここでもどちらに非があったか明らかなように見えます。

このように人間関係でのトラブルが続く一方、事業は順調でした。フェイスブックの利用者になるにはハーバード大学のメールアドレスを持っていることが条件でした。身元をはっきりさせるためです。匿名での加入は認められず、実名で登録することになっていました。フェイスブックが開設された二月中に、早くもハーバード大学の学生の四分の三がメンバーになっていました。

あまりの人気ぶりにザッカーバーグだけでは対応できなくなり、同じ寮の仲間に助けを求めます。こうして事業が拡大していきます。

当初はハーバード大学の学内限定でしたが、存在を知った他大学の学生も加入したいと言ってきます。こうして、まずはハーバード大学のあるボストン都市圏の大学や、アイビーリーグの大学（いわゆるエリート大学）の学生の参加が認められます。

初期に参加者を一気に拡大しなかったことは、ブランドイメージを確立する上で効果的でした。フェイスブックに参加できるということは、エリート大学に在学している証拠。フェイスブックの利用がステイタスになったのです。自分もフェイスブックを利用したい。そんな学生たちが増えます。ところが希望してもすんなり認められないことで、希望者の飢餓感が強まります。その結果、一般の大学生も参加が認められた途端、利用者は爆発的に拡大しました。

その後、高校生にも参加が認められるようになり、二〇〇六年には一三歳以上のすべての人に開放されました。有効なメールアドレスを持っていれば、世界中の誰もが利用できるようになったのです。

大学時代に会員になった人たちは、社会人になっても利用します。ビジネスパーソンの間でも必須のアイテムになるのです。

フェイスブックの急激な発展。これは、人々が、いかにつながりを欲しているかを示しています。この勢いを目の当たりにしたザッカーバーグは、本社を西海岸のカリフォルニア州に移し、事業に専念するためにハーバード大学を中退します。

せっかくハーバード大学に入ったのだから卒業しないと、などとは考えませんでした。そこにビジネスチャンスがあるのならば、時間との勝負です。これは、マイクロソフトを創業したビル・ゲイツと同じ道でした。

世界の利用者が一八億人に

二〇〇八年には日本語版も一般公開され、二〇一〇年にはアメリカ以外では初となる海外法人が日本に設立されました。

フェイスブックが進出した当時の日本では「ミクシィ」や「グリー」などのライバルが普及していて、当初はフェイスブックが苦戦しましたが、やがてそれらのライバルを追い抜きます。いまや日本国内には二七〇〇万人の利用者がいます。五人に一人は利用者なのです。

また世界では一八億人を超えるまでに成長しました。

当初は友人同士のネット上での社交の場であったり、恋人募集のツールとして使われたりしていましたが、やがて世界情勢に大きな影響力を持つ武器としての存在が認識されるようになります。そのきっかけが「アラブの春」でした。

「アラブの春」を生んだフェイスブック

二〇一〇年から翌年にかけて、北アフリカのチュニジアで民主化運動が始まります。ここでは長年、ベンアリ大統領による独裁政治が続いていました。二〇一〇年暮れ、野菜や果物を路上で売ろうとしていた若者が、警察官に賄賂を渡さなかったために秤《はかり》を没収されます。市役所に抗議に行っても相手にされなかった若者は、焼身自殺します。直後に駆けつけて現場の様子を撮影した従兄弟《いとこ》は、フェイスブックに掲載。これがきっかけとなって、チュニジアで反政府運動が盛り上がります。それまで反政府運動を呼びかける手段を持たなかった人々は、フェイスブックやツイッターで連絡を取り合い、抗議の輪が広がりました。遂にはベンアリ大統領が亡命。民主化が成功したのです。

この動きは、瞬く間にエジプト、リビア、シリアに飛び火。各国で民主化運動に火がつきます。これが「アラブの春」でした。

独裁政権下でもお互いが連絡を取り合い、多くの人々に呼びかけることが可能になったことで、「アラブの春」は大きくなったのです。

とりわけアラブのイスラム世界では、毎週金曜日の昼にモスクでの集団礼拝が行われます。フェイスブックを通じての「集団礼拝の後、広場に集合」という呼びかけは若者たちに広く共有されました。

また、ネット関連の手段を持たない人々にもモスクで若者たちが呼びかけることで浸透。毎週のように反政府集会が開かれたのです。

結局、発火点となったチュニジア以外では民主化運動は成功しませんでしたが、新しいコミュニケーションツールの可能性が示されたのです。

これに危機感を抱いたのが中国共産党です。中国ではフェイスブックへの接続規制が行われています。これもフェイスブックの力を認識したからこそです。フェイスブックは民主主義のプラットフォーム（基盤）の役割を果たすことが可能であることが知れ渡ったのです。

もっとも、フェイスブックの威力を痛感しているのはアメリカも同じこと。二〇一三年にはフェイスブックのユーザーの個人情報がＮＳＡ（国家安全保障局）などアメリカの情報機関に提供されていたことが、「ワシントン・ポスト」によって暴露されています。

世界で最も若い億万長者に

フェイスブックも、他のネットメディアと同じく、画面に表示される広告を主な収入源としています。利用者が増えれば、広告収入も激増。高い収益率を誇るようになり、株式の公開でザッカーバーグは、若くして億万長者になります。

二〇一〇年に経済誌「フォーブス」が発表した「世界で最も若い一〇人の億万長者」ランキングで一位になります。このとき彼は二五歳。ランキングの中で最年少でした。

二〇一二年の「フォーブス」によると、総資産は約一七五億ドル（約二兆円）。世界富豪ランキングで三五位になりました。あまりのスピードです。

二〇一二年五月、一歳下の中国系アメリカ人で医師のプリシラ・チャンと結婚します。彼女とはハーバード大学で知り合って以来、九年間にわたって共同生活を送っていました。

「未来の子どもたちのために」

大金持ちになると、次に何をするか。これまでこのシリーズで取り上げてきたビジネスパーソンの多くが、慈善活動に力を入れたり、財団を創設して寄付活動を始めたりします。ザッカーバーグも同じ行動をとります。

二〇一二年からは「ブレイクスルー・プライズ」（画期的発明賞）を始めます。これは、ザッカーバーグほか、グーグルの創業者らＩＴ関係の起業家たちが資金を出し合って創設した賞です。基礎物理学、生命科学、数学の三部門に分かれ、受賞者には毎年それぞれ三〇〇万ドル（約三億四〇〇〇万円）ずつの賞金が渡されます。まさに現代のノーベル賞と言っていいでしょう。

さらに二〇一五年、夫婦の間に娘が生まれると、ザッカーバーグは、保有するフェイスブックの株の九九パーセントを慈善事業に寄付すると発表しました。

自分の子どもを持ったことで、未来の子どもたちにとって素晴らしい世界を残すために努力しようと考えたそうです。

この発表には称賛の声が上がる一方で、税金対策ではないかという冷ややかな声があるのも事実です。

この時点での保有株の時価は四五〇億ドル（約五兆円）。莫大な寄付金額です。それでも夫婦に残る株は時価五〇〇億円。十分すぎる財産でしょう。

初めはイタズラ。失敗に学んで学生同士の交流サイトを作成したところ、思いもかけぬ大成功。世界の民主化にも貢献した一方で、自分が作ったプラットフォームでフェイク・

ニュースが飛び交う様子を見ると、対策に乗り出す。初めは無責任な行動をするやんちゃな若者が、やがて「より良い世界」を目指した社会貢献を始める。

時代にあった成功の物語は、一人の青年の成長の記録でもあったのです。

第八章

グーグルを作った二人

ラリー・ペイジ
セルゲイ・ミハイロビッチ・ブリン

モンテッソーリ式の初等教育を受けた二人。

「社会に影響を与えたい」

ブリン（左）とペイジ（右）　　写真提供　ユニフォトプレス

「肩こりは幽霊のせい」？

二〇一六年末、インターネットの医療系サイト「ＷＥＬＱ」（ウェルク）をはじめＤｅＮＡ（ディー・エヌ・エー）が運営するまとめサイトで不正確な記事や著作権無視の転用が次々と見つかり、休止に追い込まれました。

ＷＥＬＱの記事は同年夏ごろから問題になっていました。たとえば「死にたい」というキーワードをグーグルで検索すると、ＷＥＬＱの記事がトップで表示されるようになっていたからです。この記事は、転職サイトの広告に誘導するものでした。

肩こり対策の参考情報を得たいと「肩こり」でキーワード検索すると、「肩が重いのは幽霊のせい」というような記事が上位に出ていました。

グーグルで検索すると、こんな記事がなぜ上位に表示されたのか。それは、ＳＥＯ(Search Engine Optimization)＝検索エンジン最適化という手法が使われていたからです。「検索エンジン最適化」と言われても、ネットに詳しくない人にはわかりにくいでしょう。

要はグーグルで検索すると、当該のサイトが上位に表示されやすいような手法が使われていたのです。

これらが問題になったことからＤｅＮＡは非を認め、記事の一部を削除しましたが、問題はＷＥＬＱばかりではないことが発覚。最終的には、ＷＥＬＱや女性向けサイトのＭＥＲＹ（メリー）を含むＤｅＮＡのまとめサイトすべてが休止に追い込まれました。

また他社のサイトでも問題がある記事・サイトが次々と見つかり、いずれも休止や閉鎖に追い込まれました。

このような無責任な内容のサイトが、どうして続々と誕生していたのか。そこには、広告収入を得るためにグーグル検索で記事を上位に掲載させようという思惑がありました。

グーグル検索上位への争い

インターネットで何かを調べたいとき、多くの人が使う検索サイトはグーグルでしょう。グーグルのウェブサイトでキーワードを入力すると、キーワードが文中に入っているウェブサイトやブログ記事の一覧がズラリと表示されます。と同時に、そのキーワードに関連する広告が表示されます。

たとえば「英会話」をキーワード検索すると、検索結果のウェブサイトのトップに英会話学校の広告が表示されます。利用者が、広告をクリックすると、この段階でグーグルに広告料が入ります。

また、検索結果をもとに、どこかのウェブサイトをクリックすると、そのサイトに別の広告が表示されます。この広告料の一部は、広告が掲載されていたウェブサイトの運営者に入る仕組みです。

あなたがグーグル検索して、さまざまな記事が出てくると、どうしても上位に掲載されるものをクリックしてしまうのではないでしょうか。検索サイトでの表示位置が、広告収入に直結するのです。特に多くの人がスマホを使うようになると、スマホの画面が小さいこともあって、検索キーワードで上位に表示されたものを見てしまいます。上位に入るかどうかで、広告収入が大きく変わります。そこで業者は、グーグルで検索されやすいような手法を駆使するのです。

たとえばキーワードをタイトルや見出しに入れたり、記事を長くしたりします。記事が長いと検索で上位に来やすいとされていたからです。

あるいは、記事の中に参照用の別のウェブサイトのアドレスを入れておきます。これを「リンクを張る」といいます。他のサイトにリンクが張り巡らされているサイトは一般的に「信用度が高い」とされ、グーグル検索で上位に来やすいとされていたからです。

こうした手法を駆使した記事を大量に製造して広告収入を稼ぐ。これが、今回発覚した一連の問題の背景だったのです。

ただし、この問題が発覚して以降、グーグルは対策を施したと言っていますから、従来通りとはいかなくなっているようですが。

グーグルで出てこないと「存在しない」

今回の問題は、私たちがいかにグーグル検索に頼っているかという現実を浮き彫りにしました。インターネット通販を利用するときも、会食の予定を立てるときにも、旅行で宿泊するホテルや利用する交通機関を調べるときも、多くの人が、まずはグーグルで検索するでしょう。

グーグル検索で雰囲気のよさそうなレストランを見つけたとします。そこで、グーグルマップで場所を確認。さらにストリートビューでレストランの外観をチェック。実際に行くまでに、初めての店でもかなりの情報を得ることができます。

これを逆に考えると、グーグル検索で上位に来ないと、その会社は「存在しない」ということになりかねないのです。

会食するレストランを決めたら、会食相手にメールで連絡します。このときグーグルのGメールを使う人も多いことでしょう。

もはや私たちはグーグル抜きで生活できなくなっています。

グーグル（Google）とは、検索エンジン、クラウドコンピューティング、ソフトウェア、オンライン広告といったインターネット関連のサービスと製品を提供するアメリカの多国籍企業です。収益の多くをアドワーズとアドセンスと呼ばれるオンライン広告から得ています。

このグーグルを設立したのは、アメリカ・スタンフォード大学で知り合った二人の若者ラリー・ペイジとセルゲイ・ミハイロビッチ・ブリンでした。この二人が世界を変えたのです。

同じような教育を受けた

ラリー・ペイジは一九七三年三月、ミシガン州ランシングで生まれました。父はミシガン州立大学のコンピューターサイエンスの教授でした。母もコンピューターサイエンスの修士号を持ち、コンサルタントとして働いていました。まさにコンピューター時代の寵児となるべく生まれたようなものです。

ラリーはすでに六歳でコンピューターに触り始めたといいます。内向的で一人でいることを好み、サックスの演奏で才能を発揮しました。

彼はモンテッソーリ式の小学校に通いました。これが、その後の彼の行動の軌跡に大きな影響を与えます。

モンテッソーリ教育は、二〇世紀初頭にマリア・モンテッソーリによって考案された教育法です。イタリアのローマで医師として精神科病院で働いていたモンテッソーリは、子どもの知的水準を上げる独自の教育法を編み出しました。特にアメリカでは、この教育法がブームとなり、私立や公立など約三〇〇〇カ所の教育施設で実施されているともいわれています。

この教育法は、色とりどりの木製玩具を使用し、子どもたちの五感を刺激するのが特徴です。また、この玩具によって質量や数量の感覚を養います。

とりわけ子どもの自発性を重んじることを主要な教育目標としています。そのために子どもに自由な環境を与えることを重視します。

こうした自由な教育を受けたラリーは、一二歳のとき、ニコラ・テスラの伝記を読んで刺激を受けます。

ニコラ・テスラはセルビア人の科学者・発明家です。一八八四年にアメリカに渡り、交流電流による発送電のシステムや無線送信機、蛍光灯などさまざまな発明をしましたが、エジソンと対立したことから不遇な人生を送りました。

ラリーは、彼の伝記を読んだ感想を次のように語っています。
「テスラからは、世界で最も偉大な発明をしても、単に発明しただけでは何にもならないことを学んだ。悲しいじゃないか。彼にもう少しビジネスの才があり、人づきあいがうまかったら、はるかに多くを手にすることができたのに」（ケン・オーレッタ著、土方奈美訳『グーグル秘録』）
「何かを発明するだけでは、まったく意味がない。社会に影響を与えるには、それを世に送り出し、人々に使ってもらうことが何より重要だ。たぶん僕は十二歳のときには、いずれは会社を創ると決めていたんだ」（同前）
「社会に影響を与えたい」。小学生時代の思いが、その後の彼の人生を規定することになりました。
大学は、両親と同じく地元のミシガン州立大学に進学。コンピューターエンジニアリングを学びます。そして大学院は、ハーバードと並ぶ全米トップのスタンフォード大学の大学院に進みました。
一方、セルゲイ・ミハイロビッチ・ブリンも一九七三年生まれですが、生まれた場所はソ連（ソビエト社会主義共和国連邦）の首都モスクワでした。東西冷戦時代、二人は相対立する国に生まれたのです。

セルゲイの両親も科学者でした。父親はソ連の経済研究所で働く数学者で、母親はエンジニアでしたが、どちらもユダヤ人だったことから、陰に陽に差別を受けます。ソ連は社会主義国家でしたから、建前としては差別のない平等国家だったはずですが、実際には根強い反ユダヤ意識がありました。これにウンザリした父は出国ビザを申請しますが、申請した途端、研究所を解雇されました。

出国ビザとは、聞きなれない用語ですね。普通は他国民の入国を認めるのがビザですから。実は自国民が逃げ出すのを恐れたソ連は、自由な出国を認めず、そのためのビザが必要だったのです。出国ビザを申請するのは、ソ連を嫌っているからだ。当時のソ連ではそのように判断され、解雇されることがよくあったのです。

解雇された後、二年間はアルバイトで家族を養い、ようやくアメリカへの出国が認められます。アメリカに移った両親は、首都ワシントンに隣接するメリーランド州に住みます。父親はメリーランド大学の数学教授になり、母親はアメリカ航空宇宙局（NASA）の研究員として採用されました。

ここでセルゲイも、モンテッソーリ式の小学校に通いました。大学は父親が教授を務める地元のメリーランド大学でしたが、大学院はスタンフォード大学を選択しました。

二人の天才が出会った

二人の出会いは一九九五年のこと。スタンフォードの大学院の新入生向けのオリエンテーションでした。二人には多くの共通点がありました。共に一九七三年生まれ、父親は大学教授。どちらもモンテッソーリ教育の小学校に通い、好きなことを自由に学ぶことを許され、双方ともコンピューターオタクと言っていいほどのコンピューター好きでした。

これだけの共通点があれば、二人が親しくなるのは時間の問題でした。それ以降、二人は常に行動を共にします。グーグル創設は、二人の友情の物語でもあるのです。

まず事業の着想を得たのはラリー・ペイジでした。インターネット上にある膨大なデータを集めて検索するシステムが作れないかと思いつき、セルゲイ・ブリンに相談。セルゲイも同意して、一緒に論文を執筆しました。これが、その後のグーグルを支える技術の基本的な構想になります。

二人は、この技術をもとに起業することを考えますが、その一方で、学業をきちんと修了したいという思いもあり、逡巡《しゅんじゅん》していました。二人の背中を押したのは、指導教授の一言でした。事業が「成功しなかったら、いつでも戻ってきて博士課程を修了すればいいじゃないか」(前掲『グーグル秘録』)と言われたのです。

さて、これが日本の大学教授だったら、なんと言ったでしょうか。「せっかくここまで勉強したのだから、まずは博士課程を修了しなさい」と引き留めたような気がします。もしそうしていたら、果たしてグーグルのいまの成功はあったでしょうか。

エンジェル投資家が資金を提供

起業するには資金が必要です。こういうときにアメリカで登場するのはエンジェル投資家と呼ばれる人たちです。

新しい事業を始めようとする若者たちの将来性を見極め、そこに投資するのです。その仕事が失敗すれば、投資した資金は返ってきませんが、反面、成功すれば莫大な見返りが期待できます。

エンジェル投資家たちは、将来性が見込めるいくつもの事業に投資します。たとえば一〇の事業に投資したとしましょう。そのうち九つの事業が失敗しても、ひとつでも成功すれば、巨額のリターンが見込まれ、残りの損失をカバーしてくれるのです。

グーグルに関しては、シリコンバレーで幅広い人脈を持つラム・シュリラムが二五万ドルを投資したのをはじめ、アマゾン創業者のジェフ・ベゾスも投資しています。

かくして一九九八年、スタンフォード大学近くの地下室とガレージを拠点に開業しました。そのとき命名した会社の名前がグーグルでした。

綴《つづ》りの間違いからグーグルに?

グーグル(Google)という名前は「googol」(グーゴル)という言葉の綴り間違いに由来

すると言われています。一グーゴルは一〇の一〇〇乗という巨大な数字の単位です。

インターネット上にある多種多様で膨大な情報を組織化することが当初からの目的であったことがわかります。

登録するときに綴りを間違えたという説がありますが、実際には「グーゴル」と名付けたくても、すでにドメインネームが別人に取得されていたため、この名前にしたとペイジは語っています(同前)。

彼らは、仕事を始めたガレージに「グーグル世界本社」の看板を掲げました。当初から巨大な企業に発展させるという野心を持っていたのです。この時点では大言壮語に見えたのですが、やがて現実のものとなります。


「邪悪になるな」

グーグルの企業としての目標は「世界中の情報を整理し、世界中の人々がアクセスできて使えるようにすること」です。

その一方で、従業員行動基準は、「邪悪になるな」(Don't be evil.) というものでした。なんとも道徳的なスローガンですが、その後、中国に進出した際、中国の検閲に従うように強制されると、一度は受け入れたものの、のちにこれを拒否。中国市場から撤退しました。表現の自由を妨げる中国政府の意向に従うことは、「邪悪になる」と判断したということです。従業員の行動基準を企業も守ったのです。

自由で快適なオフィス

グーグルの本社は自由で快適なことで知られています。オフィスは猫以外のペットが持ち込み可能で、個人の仕事部屋にはおもちゃなどを持ち込むこともできます。

また、腕利きのシェフが調理した世界各国の料理を無料で提供する食堂があります。腕のいい料理人をグーグルが囲い込んでしまうため、シリコンバレー周辺では美味《おい》しいレストランが減ってしまったという〝都市伝説〟まがいの話もあります。

寝食を忘れて仕事に打ち込んでほしい。そのためなら会社は何でもする。もっとも、社員の福利厚生にそれだけの資金を割けるほど利益を上げているからですが。

これはアメリカの本社ばかりではありません。二〇〇一年には日本に進出し、日本法人を設立しました。この日本法人の本社を取材したことがありますが、職場には卓球台や自転車が置かれ、勤務中でも社員は遊ぶことが許されていました。もちろん飲食はすべて無料でした。

画期的な技術を開発

グーグルの発展の基盤を築いたのは、従来にない革新的な技術でした。とりわけ「クラスタリング」と「ページランクテクノロジー」は画期的でした。

「クラスタリング」（結合）とは、大型コンピューターを導入しなくても、通常のパソコンを数千台並べることで一台の仮想コンピューターとして使える技術です。それまでの検索エンジンは大型コンピューターを使っていましたが、一度導入すると入れ替えが難しく、それでは爆発的に増えるウェブサイトのデータベース化が追いつかなくなってしまいます。

グーグルは、通常のパソコンをどんどんつなげていく、というやり方で対応したのです。

もうひとつの「ページランクテクノロジー」は、質の高い検索結果を表示できるようにするものでした。この考え方の基礎は、「人気のあるホームページからリンクが張られているページは良いホームページ」というものでした（佐々木俊尚『グーグル Google』）。

たとえばヤフーなどの人気のあるサイトから数多くリンクされたウェブサイトには高い点数がつけられ、高い点数のものほど検索したときに上位に来る、という仕組みを作ったのです。

この結果、「グーグルで検索すると、人気の高いサイトが上位に来る」という利用者の信頼を勝ち取っていくことになります。

人々は、ネットを使うとき、まずはグーグル検索にキーワードを入れて調べるようになりました。ネットの入り口がグーグルになったのです。

まるで広告代理店

さらに広告システムも画期的でした。「アドワーズ」といいます。キーワード広告をオークション方式で導入したのです。

キーワード広告は、検索サイトの利用者がキーワードを入れて検索すると、検索結果の画面に、そのキーワードに関連した広告が掲載される仕組みです。

最初にも書きましたが、たとえば「英会話」と入力しますと、画面には英会話学校の広告が自動的に掲載されます。しかし、「英会話」というキーワードに連動する広告を出したい人は大勢いることでしょう。競争は激烈になってしまいます。そこで導入されているのが「オークション方式」です。広告を出したい企業は、グーグルのホームページでキーワードを登録しますが、人気のキーワードであれば、登録希望者は大勢いますから、割り込むことは至難の業です。そこで、その場合は高い広告料を払うと申請した企業のほうが、優先順位が高くなる仕組みです。

広告料を高く払えば、検索結果の最初のページに広告が掲載される。効果はてきめんです。かくして、人気のキーワードを登録するには多額の広告料をグーグルに支払うことが必要になります。巨額の広告料がグーグルに流れ込むことになったのです。

もうひとつの広告システムが「アドセンス」です。これは、個人のウェブサイトなどに広告を配信するものです。個人でウェブサイトを始める人がアドセンスを申し込むと、グーグルから広告が送られ、自分のウェブサイトに広告が掲載されます。広告は自動的に更新され、利用者が広告をクリックするたびに、グーグルとウェブサイトの運営者に広告収入が入るという仕組みです。

しかも、その広告は、ウェブサイトの内容に応じたものが自動的に掲載されます。

こうして見ると、グーグルとは、単なる検索サイトではなく、「巨大な広告代理店」（前掲『グーグル Google』）と表現することができるのです。

「グーグルニュース」を開始

広告代理店として発展するためには、グーグルの内容が豊富で信頼できるものでなくてはなりません。そのひとつの試みが二〇〇二年から始まりました。世界中のニュースメディアからさまざまな記事を集めて一括表示するサービス、グーグルニュースです。

きっかけは、二〇〇一年九月一一日に起きたアメリカ同時多発テロでした。アメリカに対する敵意が世界各地にあることを知った社員が、「アメリカ人はもっと世界のことを知るべきだ」と提案して実現しました。

日本語版は二〇〇四年から始まりました。集められたニュースは国内、国際、ビジネス、政治、エンタメ、スポーツなどのジャンル別に分類されています。各新聞やテレビニュース、ネットニュースの見出しと、どのメディアの記事か、その記事がネットに掲載されたのは何時間前かが表示されています。

そこをクリックすると、その記事が掲載されているウェブページに飛び、原文を読むことができます。

　ここで肝心なのは、グーグルニュースでは記事全文が読めるわけではないということです。それでは著作権侵害になってしまいます。単に「この記事はここをクリックすると読めますよ」と告知しているにすぎないというわけです。

　これではまるでグーグルが「人のふんどしで相撲を取る」ように見えます。ニュースの見出しを勝手に掲載されたメディアは怒るだろうと思いきや、このサービスで自分のウェブサイトを訪問する人たちが大勢いるので、表立って怒るわけにもいかない、ということのようです。

　実はこのグーグルニュースは、人間の手で編集されているわけではありません。「グーグルボット」という名前の自動巡回プログラムが世界中のニュースメディアのウェブサイトを巡回してニュースを見つけ出し、それを言語別、ジャンル別に自動編集して読めるようにしているのです。

　ここには、信用度が低いメディアのニュースが掲載されないようになっています。どのような計算式（アルゴリズム）で実行されているかは明らかにされていませんが、記事の内容の充実度やメディアのウェブサイトの人気度などを数値化して、信頼度を計測しているらしいと推測されています（前掲『グーグル　Google』）。

ネット上のあらゆる情報を収集

ネット上のあらゆる情報を取り扱って利用者にサービスすることで、世界を変えていく。これがグーグルの基本的な事業目標です。

二〇〇四年四月からはGメールのサービスを始めました。誰でも簡単にメールのアカウントを取得でき、大容量の添付ファイルでも容易にやりとりできるようになったのです。

さらに画期的だったのは、グーグルマップやグーグルアースの無料提供です。飲食店や商店などさまざまなウェブサイトが、自社の場所をグーグルマップで紹介するようになりました。グーグルアースで見つけた場所について、「ストリートビュー」を利用すると、周辺のパノラマ写真も無料で見られます。

二〇〇六年にはユーチューブ社を買収しました。その金額は一六億五〇〇〇万ドル。当時の日本円では約一九五〇億円でした。驚くべき金額ですが、ユーチューブはすっかり定着しています。若者たちの間では、テレビを見るよりも、パソコンやスマホでユーチューブの面白い映像を見るという生活習慣が築かれつつあります。

新聞社は、グーグルニュースによって自社のお株が奪われ、テレビ局はユーチューブによって視聴者を奪われる、という結果になっているのです。情報を握るものは権力者となる。まさにそれがグーグルなのです。

自動車メーカーはグーグルの下請けに？

これからはハードとソフトの立場が逆転してしまうかもしれない。そんな予感を感じさせたのが、グーグルによる自動運転車の研究開発です。

二〇一〇年一〇月、グーグルは「自動運転カープロジェクト」を発表しました。二〇一六年末にはホンダの研究開発子会社である本田技術研究所と、グーグルの関連会社「ウェイモ」が、完全自動運転車の共同研究に向けた検討を始めたのです。ホンダが提供する車両にウェイモのセンサーやソフトウェア、車載コンピューターなどを搭載して、公道試験をアメリカで始めることにしています。

また、欧米自動車大手のフィアット・クライスラー・オートモービルズ（FCA）と共同開発した試作車も発表しています。ホンダとの共同研究が実現すれば、FCAに続いて二社目のパートナーとなります。どの車種でも自動運転できる、という汎用性の高いソフトを開発するのでしょう。

これまでは自動車メーカー主導で自動車の性能向上にITを使うというものでした。今後は、グーグル主導で自動運転車を開発し、自動車メーカーがその下請けになる。そんな未来が来るかもしれません。情報を握るとは、それだけ強い力を持つということなのです。

中国市場から撤退を決断

急激に発展してきたグーグルも、苦渋の決断を迫られたことがあります。それは、中国国内での事業展開を巡ってのことでした。

グーグルが中国市場に参入したのは二〇〇六年のこと。中国は、中国共産党にとって都合の悪い情報は遮断しています。グーグルは、中国での事業で、中国政府の要求を受け入れ、中国政府の望まない情報は検索しても表示されないようにするという自主検閲を受け入れました。

これが、アメリカ国内で強い批判を浴びたのです。

さらに二〇一〇年にはGメールが中国国内からハッキングの攻撃を受けました。Gメールを使用している中国内外の人権活動家の情報を盗むのが目的だったとみられます。

これにはグーグルも激怒。「邪悪になるな」の社是に従い、中国市場からの撤退を決断したのです。

あらゆる情報を収集して利用者に供する。この理想が、中国共産党によって挫折させられたのです。まさに「情報を握る者が権力を握る」という現実を巡る戦いが繰り広げられました。

あらゆる情報を無料で提供する

中国市場での挫折はありましたが、グーグルのその後の進撃は止まりません。二〇一三年には気球によってインターネット網を築く計画を明らかにしました。気球を浮かべて無線を中継することで、誰でも無料でネットが使えるようにしようという雄大な構想です。二〇一四年には量子コンピューターの開発を発表。ＡＩ（人工知能）やロボット関連企業を次々に買収しています。

最近のグーグルの事業を見ると、新技術を開発した新興企業や研究集団を手あたり次第に買収しています。「これが一体何の役に立つのだろう」と思ってしまうような技術を内部にため込み続けているのですが、それが、思わぬ新サービスとして登場するのです。グーグルの進化は止まりません。それも、すべて無料で提供します。もちろんそれができるのは、画期的な広告技術によって莫大な利益を得ているからなのですが。

世界中のあらゆる情報を収集して無料で提供する。似たような環境で育った二人の若者の理想は、結果として既成の秩序を破壊する革命的な運動となっているのです。

なぜアメリカでしか生まれないのか

それにしても、グーグルのような企業が、なぜアメリカでのみ生まれてくるのでしょうか。かつてマイクロソフトに在籍していた成毛眞《なるけまこと》氏は、グーグルやマイクロソフト、アップルのような企業がアメリカでしか生まれていない理由を、次のように分析しています。

「第一の理由は、創業者の激烈な性格にある。すこぶる高知能にして傲慢、激烈な功名心と徹底的な猜疑心《さいぎしん》、その激烈度はアメリカ以外の先進国では正常とみなされないかもしれない」

「第二の理由はその恐るべき創業者の可能性に群がってくる無数の優秀な技術者と、勇気あるベンチャーキャピタルの存在だ」

「第三に英語圏という圧倒的な市場経済力だ」（前掲『グーグル秘録』）

この勢いは止まりません。翻って、日本はどうか。考えさせられることばかりなのです。

第九章
コーク兄弟
チャールズ・コーク
デビッド・コーク

ティーパーティー運動の黒幕は、
巨大エネルギー複合企業
「コーク・インダストリーズ」の経営者だ！

チャールズ（左）とデビッド（右）　　写真提供 ユニフォトプレス

トランプ大統領を挫折に追い込む

次々に大統領令を出して、思うがままの政権運営をしてきたアメリカのドナルド・トランプ大統領。ところが、政権発足から二カ月が過ぎた二〇一七年三月、さすがの彼も挫折を味わいました。選挙中公約にしていた「オバマケアの改革」が、与党のはずの共和党の一部議員たちによって阻止されたからです。この動きの背後にいるのが、この章で取り上げるコーク兄弟です。

「オバマケア」とは通称です。アメリカは日本など他の先進国とは異なり、国民皆保険制度が存在しませんでした。高い医療保険料が払えない国民は、無保険のままだったのです。このため、家族の一人が少しでも重い病気にかかると、医療費が払えずに破産する事態が続いてきました。民主党のオバマ大統領は、これを改善しようと考え、二〇〇九年に大統領に就任すると、医療保険制度の改革に着手しました。これが「オバマケア」です。

これに対し、共和党は強く反発してきました。「小さな政府」を目指す共和党は、国家主導の医療保険制度は「社会主義的政策」だと考え、徹底的に反対し続けてきたのです。

トランプ大統領は、選挙に立候補を表明した段階では、「オバマケアをより良いものに改革する」と、存在をそれなりに認めていたのですが、選挙戦が白熱してくると、共和党にすり寄り、「オバマケアを廃止する」と公約するに至りました。

大統領になって、いよいよオバマケアを廃止しようとしたところ、共和党の穏健派からも廃止反対論が出たため、共和党の主流派議員たちが中心になって、代替案が作られました。これは、オバマケアを存続させながら国の関与を薄め、国の財政負担を軽減する案です。トランプ大統領は、この改革案に飛びつき、議会の承認を得ようとしました。

ところが、与党の共和党の中に、これに反旗を翻す議員たちがいたのです。「フリーダム・コーカス（自由議員連盟）」のメンバーでした。

彼らは、徹底した自由主義者。政府の介入に反対し、個人の自由の尊重を主張しています。共和党は「小さな政府」を求める政党ですが、その中でも徹底した「小さな政府」を主張します。警察や裁判所、軍隊さえあれば、その他の政府組織は必要ないとまで考える議員もいます。彼らは、オバマケア改革案は、結局は医療保険制度を温存させるものと考えました。制度それ自体を廃止する必要がある。そう考えて改革案に反対したのです。

フリーダム・コーカスのメンバーは議会下院に約四〇人。下院で過半数を握る共和党議員（二三八人）の中では二割にも満たない数ですが、オバマケアのこれまで通りの存続を求める民主党が改革案に反対していますから、民主党議員（一九三人）と合わせると、反対が過半数を制し、改革案は成立しなくなります。結果、トランプ大統領は、改革案の採決を断念せざるを得ませんでした。

怒ったトランプ大統領は、「二〇一八年には彼らとも民主党とも戦う」と宣言しました。「彼ら」とは、フリーダム・コーカスに集う共和党議員たちです。

トランプ大統領と対立する兄弟

「二〇一八年」とは中間選挙のこと。アメリカの下院議員の任期は二年。日本の衆議院議員の任期四年の半分しかないのです。このため下院議員選挙は、大統領選挙のときに同時に実施されると共に、四年ごとの大統領選挙の間にも行われます。そこで中間選挙と呼びます。トランプ大統領は、野党の民主党ばかりでなく、フリーダム・コーカスに所属する議員も敵視し、次の選挙では落選させてやると宣言したのです。

フリーダム・コーカスの背後にいる経済人。それがコーク兄弟です。アメリカの巨大エネルギー複合企業「コーク・インダストリーズ」を経営するチャールズ・コーク（八一歳）とデビッド・コーク（七七歳）の兄弟です。二〇一七年三月にアメリカの経済誌「フォーブス」が発表した世界長者番付によると、資産総額は、双方とも四八三億ドル。日本円にして約五兆四〇〇〇億円。世界の長者番付ではどちらも八位。コーク・インダストリーズの大株主としての資産です。

二人は、莫大な資産を使って、徹底した自由主義を信奉する政治勢力の育成に努めてきました。共和党の大口献金者としても知られ、オバマ大統領の任期中、オバマ政権つぶしのために全力を尽くしてきました。

「小さな政府」を求めてオバマ政権を批判し続けた「ティーパーティー運動」を豊富な資金で支えたのもコーク兄弟でした。

保守的な思想を持っているのなら共和党のトランプ大統領を支持していいはずですが、「アメリカの老朽化したインフラ整備のために公共事業を実施する」などと政府の役割を認めるトランプ大統領を「真の自由主義者」とは見ていません。むしろ嫌っているのです。選挙戦中も、トランプを支持しませんでした。

このため、フリーダム・コーカスを操ってトランプ政権打倒に動き出したのではないかと考える人たちもいます。

アメリカ議会を動かし、大統領の政策を阻止するまでに影響力を持つようになったコーク兄弟。日本ではほとんど知られていない兄弟の素顔に迫りましょう。

「共産主義嫌い」の父親に育てられた

アメリカ・カンザス州ウィチタという中西部の小さな町で育ったコーク兄弟の父親は、フレッド・コーク。彼は石油精製会社の経営者として財を成しました。彼には四人の子どもが生まれました。このうち次男のチャールズと、その次に生まれた双子の兄弟のうちのデビッドが、今回取り上げるコーク兄弟です。

父親は、息子たちを厳しく育てました。子どもたちに対して愛情を示すことがありませんでした。そんな様子を親族のひとりは、こう証言しています。

「フレッドさんの家は、〝愛に包まれた温かい家庭〟なんてものじゃなかったんですよ。フレッドさんは自分の野望のために家庭を犠牲にしたようなものです」「すべては彼らの子供時代にまで遡るのですよ。彼らは子供時代に愛されるということがなかったのです。原因はすべてそこに行き着くと思いますよ」（ダニエル・シュルマン著、古村治彦訳『アメリカの真の支配者　コーク一族』）

フレッドは石油精製技術の導入をめぐってライバル企業との間で訴訟を抱え、経営状態が悪化すると、海外に商機を求めました。東西冷戦時代、アメリカと敵対するソ連（ソビエト社会主義共和国連邦）の招きに応じ、ソ連に近代的な石油精製技術を供与して、莫大な利益を得たのです。

しかし同時に、ソ連という国の怖さを思い知ることになります。フレッドを監視するためにソ連国内での案内人となった人物は、アメリカに住んでいたことがあり、英語を流《りゅう》暢《ちょう》に話しました。彼はフレッドに、「共産主義者がアメリカのあらゆる面に浸透する計画を持っている」（同前）と告げたのです。「彼によると、学校、教会、労働組合、軍隊、政府はすべて共産主義者たちの標的だった」（同前）。

こうしてコーク兄弟の父親の思想が形成されます。フレッドの案内人だった人物も、その後、ソ連の独裁者スターリンによって銃殺されました。スターリンは猜疑心の塊。自分の部下たちを次々に「資本主義国のスパイ」とみなして粛清したのです。

「私がロシアで見たものは、共産主義の究極的に邪悪な性質だった。私は共産主義が、世界にこれまで存在した中で最も邪悪な力であると確信した。そして、私は自分の力をあらん限り振り絞って、この邪悪な共産主義と戦わねばならないと決心した」（同前）

次男チャールズ、事業を拡大

フレッドの四人の息子のうち、長男フレデリックはハーバード大学、あとの三人はＭＩＴ（マサチューセッツ工科大学）を卒業しました。芸術家肌の長男は事業に興味を持たず、演劇プロデューサーに師事、芸術分野でのパトロンになっていきます。父親から莫大な遺産は相続しましたが、事業には参加しませんでした。というよりも、チャールズたちが参加させなかったというのが正しい表現でしょう。自分たちに従わない長兄をゲイと決めつけて会社から追放したのです。

父親フレッドの死後、事業を引き継いだのは次男のチャールズはじめ三人でした。このうち事業の主導権を握ったのはチャールズでした。石油関連の企業を買収し、会社名を「コーク・インダストリーズ」（コーク産業）に改め、一大産業に発展させます。

しかし、この三人も兄弟喧嘩。チャールズとデビッドは、デビッドの双子の弟ビルを敵視し、骨肉の争いを繰り広げます。最終的にはビルを放逐。チャールズがCEO（最高経営責任者）、デビッドが副社長として巨大企業を切り盛りしていきます。

チャールズは、自社を目立たせることなく、買収を繰り返して成長させます。目立たなかったのは、コーク・インダストリーズが扱う商品が、消費者向けではなく、消費者向けの製品を製造している企業相手の商売だったからです。

石油の精製工場を保有していますが、そこで製造されたガソリンは、それぞれの石油会社が販売します。家庭菜園用の肥料を製造しても、消費者に届けるのは別会社。窓ガラス、洗面用品にトイレットペーパー等々、いずれもそれぞれの会社のブランドで販売されています。アメリカ人がコーク社の製品抜きに生活することは不可能だと言われますが、アメリカ人の多くは、この会社のことを知らないのです。コークと発音しますが、文字の綴りはＫｏｃｈです。これを見て、間違って「コッチ」と発音する人がほとんどです。

コーク社の業務について、ＣＥＯのチャールズは、こう自慢します。

「人々は、私たちの高品質燃料（バイオ燃料も含む）を買って、仕事で使う機械に動力を与えたり、家の冷暖房に使ったり、車の燃料にしたりする。穀物の生産量を上げたり、ストレッチデニムジーンズをよりはき心地の良いものにしたり、カーペットの耐久性を上げたり、赤ん坊用のおむつをより吸収力が高く伸び縮みしやすいものにしたりする私たちのイノベーションで、生活は豊かになった」（チャールズ・Ｇ・コーク著、山下恵美子訳『市場ベースの経営』）

従業員は一〇万人もいますが、名前が知られていないのは、株式市場に上場していないこともあります。詳しい経営状態を一般株主に開示する必要はありませんし、株主からの圧力を受けることもありません。大株主でもあるコーク兄弟が自由に経営できるのです。

チャールズは、自社の経営方式を「市場ベースの経営」と呼びます。常にお客が求めているものを市場を通じて把握し、提供する。徹底した市場第一主義によって成長してきたというのです。

しかし、その過程は、決してきれいごとだけで済むものではありませんでした。

環境破壊で問題を引き起こす

徹底した自由主義者を自任するチャールズ・コークは、政府による規制に反対してきました。石油産業に対して政府が環境基準を設定することにも反発しました。政府の規制は悪だ。リバタリアン（自由至上主義者）としての思想は、経営にも適用されました。工場で働く労働者の健康に配慮することなく、発癌性《はつがんせい》のあるベンゼンを大気中に排出しながら、その数値を小さくごまかすなど、規制に反する行為を繰り返してきました。この実態を告発した従業員を解雇したことで、不当解雇として訴えられることも相次ぎました。会社は、たとえ問題を起こして訴えられ、損害賠償金を払ったとしても、安全対策に金をかけるよりは安上がり、という姿勢で臨んできたのです。

一九九五年には六つの州のパイプラインと貯蔵施設から数百万ガロンの石油が漏れていることについて虚偽の報告をしたとして、司法省はコーク・インダストリーズを起訴しています。

悲惨な事故につながったものもあります。一九九六年八月、テキサス州の田舎町でコーク・インダストリーズのパイプラインから漏れたガスに自動車のエンジンの火花が引火し、自動車に乗っていたティーンエイジャー二人が死亡しました。コーク社は、地下を走るパイプラインが腐食しているのを知りながら放置していたのです。

死亡した娘の父親がコーク社を訴えると、父親はコーク社が雇った私立探偵に尾行され、弁護士の事務所からは盗聴器が見つかりました。

世論を動かすための戦略を構築

自由な企業活動を展開しようとしても、政府が口を出してくる。それを封じるには、自分たちが政治に影響力を持つべきだ。そう考えた兄弟は、政治に力を注ぐようになります。

一九八〇年の大統領選挙では、弟のデビッドがリバタリアン党（自由至上主義党）の副大統領候補として立候補します。アメリカ大統領選挙に立候補するのは民主党と共和党の候補ばかりではありません。そのほかの政党も名乗りを上げます。リバタリアン党も、そのひとつです。

しかし、結果は惨敗。リバタリアン党の得票率は全米で一パーセントに過ぎませんでした。

自分たちの思想に最も近いのはリバタリアン党の政策ではあっても、リバタリアン党では中央政界への影響力は皆無に近い。そう痛感した兄弟は、保守本流である共和党への影響力を強める戦略を築きます。それが、ニューヨーク大学の大学院生だったリチャード・

フィンクという人物をブレーンにして築いた「社会構造の変化」という計画でした。

フィンクによると、「政治の変化を製品とおなじように製造業の観点から考察」(ジェイン・メイヤー著、伏見威蕃訳『ダーク・マネー』)するという手法を用い、アメリカの政治を三段階で乗っ取る計画だというのです。

第一段階は知識人への「投資」。知識人の思想は「原料」の役割を果たす。第二段階は思想を市場で通用する政治に変えるシンクタンクに投資する。第三段階は選挙で選ばれた公職者に圧力をかけ、政策を実施させる「市民」集団に助成金を提供する。

「それがリバタリアンの生産ラインになる。買って、組み立て、スイッチを入れるだけでいい」(同前)

そのために必要なのは、資金を援助すること。その資金援助が節税対策になれば、言うことなしです。

まずは慈善団体を設立。コーク財団です。ここに寄付すると、寄付した金額が税金の控除を受けます。コーク兄弟は、慈善団体に寄付することで節税できます。一方、寄付されたお金は、チャールズが設立したケイトー研究所などに流れ込みます。また、ヘリテージ財団やアメリカンエンタープライズ公共政策研究所（ＡＥＩ）など保守系シンクタンクにも支援しました。

さらには、全米各地の大学にも莫大な資金を援助。リバタリアン思想を研究する研究所を設立してリバタリアンを養成します。こうして誕生した「知識人」を各種のシンクタンクに送り込んで思想を広め、思想に共鳴する政治家を増やしていくというわけです。

さらには、それらの研究機関で生み出されたアイデアを現実政治に反映させるために、「アメリカンズ・フォー・プロスペリティ」（ＡＦＰ：繁栄のためのアメリカ人）をはじめとする数々の保守系市民団体にも資金を投入してきました。

さまざまな団体に手を伸ばす様子は、さながらタコ（オクトパス）のようです。かくしてコークとオクトパスを合成した「コクトパス」という言い方が生まれました。

チャールズ・コークは、どれくらいの資金を政治に注ぎ込むのか。たとえば二〇一五年四月にマスコミのインタビューに答えて、翌年のアメリカ大統領選挙と議会選挙で八億八九〇〇万ドル（当時の日本円で約一〇〇〇億円）を投入する用意があると答えています。

ティーパーティー運動始まる

このコーク兄弟の戦略が成功したのは、「ティーパーティー運動」でした。

二〇〇八年、共和党のブッシュ政権時代に大手投資会社リーマン・ブラザーズが経営破綻したことで始まったリーマン・ショックは、アメリカ経済をはじめ世界経済を恐慌状態に追い込みました。

このため大統領に当選したばかりの民主党のバラク・オバマは、景気対策のため、自動車産業や金融機関への救済策をまとめ、さらに医療保険制度の改革を目指しました。

これに反発した「小さな政府」を目指す保守勢力が始めたのがティーパーティー運動です。運動が盛り上がるきっかけになったのは、二〇〇九年二月、アメリカの経済ニュース専門チャンネルＣＮＢＣにシカゴ証券取引所から生出演していた経済アナリストのリック・サンテリの発言でした。

リーマン・ショックのきっかけになった住宅ローン問題に対し、オバマ政権が発表した救済案について、「ローンの返済ができなくなった連中の肩代わりをしてやろうという人間がいるのか」「大統領の方針に反対するためティーパーティーを起こそう」と呼びかけたのです。

呼びかけ自体は冗談半分に見えましたが、この動画が拡散すると、「ティーパーティー運動」が各地で始まりました。

「ティーパーティー」という言葉でアメリカ人が思い出すのは、「ボストン・ティーパーティー」です。アメリカが植民地だった一七七三年、イギリスが制定した茶法に抗議する人たちが、ボストン湾に茶を投げ捨て、「ティーパーティー」（茶会）と称した事件です。ティーパーティーは、本国イギリスの課税権に反対して独立運動のきっかけになった重大な事件。アメリカ建国の理念を示す言葉でもあります。

同時にティー（TEA）は「税金はもうたくさんだ」（Taxed Enough Already）の頭字語でもあります。

さらにパーティーには政党という意味もあるのが、この運動のネーミングの妙です。最初はパーティー、つまり集会を開いていただけなのに、いつしか政党化し、二〇一〇年一一月の中間選挙では、自分たちの候補擁立に動き出したのです。

中間選挙の前には、民主党も共和党も、各地で下院議員や上院議員の候補者を決める予備選挙を実施しています。日本のような現職優先ではありません。選挙のたびに予備選挙を実施するのです。

ティーパーティー運動の活動家たちは、共和党の予備選挙に自分たちの仲間を候補者に立て、共和党主流派の本命候補を次々に破り、続く本選挙でも当選。共和党は下院議員選挙で過半数を確保したのです。

ちなみに、共和党の勢力躍進につながったティーパーティー運動に対抗して、民主党の支持者らはコーヒーパーティー運動を始めましたが、大きな力にはなりませんでした。


「草の根」ではなく「人工芝」

ティーパーティー運動は当初、一般国民から自然発生的に始まった草の根運動だと見られていました。ところが、この運動の資金提供者にコーク兄弟がいたのです。

コーク兄弟は当初、この運動との関わりを否定していましたが、その活動資金はＡＦＰが出し、理論面ではケイトー研究所やヘリテージ財団が支援しました。ティーパーティー運動で当選した新人議員たちの宣誓式にデビッド・コークが出席したことで、コーク兄弟との関係が表面化したのです。

ノーベル経済学賞受賞者のポール・クルーグマンは、このティーパーティー運動が動き出した直後に右派の億万長者によって援助された「人工芝」だと喝破していました。自然発生的な草の根ではなく、政治的に植えられた人工芝だというわけです。

こうして生まれた共和党保守強硬派は、やがてフリーダム・コーカスを結成。トランプ大統領をも悩ませる存在に成長しました。

そして実際、トランプ大統領への影響力も発揮しています。トランプ大統領は就任以来、環境保護局への予算を削減する案を提起。環境保護のための規制を次々に解除しています。とりわけ石油産業にとって、オバマ政権時代に課せられた規制はすべて取り払われました。これは、コーク兄弟の望み通りです。コーク兄弟の満面の笑みが見えるようです。

彼ら自由至上主義の政治家は、政府の規制を嫌います。自由競争の結果、一部の金持ちだけがより金持ちになるいまの仕組みを支持するのです。それは結局、彼らの運動に多額の資金を援助した金持ちたちの意向に沿ったものになります。

トランプ大統領は「フリーダム・コーカス（コーク兄弟の手先）とたたかう」と言いつつも、結果として、コーク兄弟を喜ばせています。

いまやコーク兄弟をはじめとする資産家は、アメリカの世論すら「買い取った」のです。

おわりに

フェイスブックを創設したマーク・ザッカーバーグは、ハーバード大学に入学しましたが、フェイスブックの事業が軌道に乗ると、さっさと大学を中退します。それは、マイクロソフト創業者のビル・ゲイツも同様でした。

「いまここで飛び出さないと、絶好のチャンスを逃してしまう」

彼らは、そう考え、チャンスを摑《つか》みました。俗に「チャンスの女神に後ろ髪はない」と言います。チャンスを逃すと、後から捕まえることはできないという意味です。

そこには、彼らを大富豪に押し上げたハングリー精神がありました。

たとえば、ジャック・マーが創業したアリババは、中国における楽天です。それがものすごい勢いでマーケットシェアを伸ばし、世界に大きな影響を与えています。

「投資の神様」と称されるウォーレン・バフェットは、自分が理解できない産業には投資をしないことに徹しています。そのおかげで、アメリカを席捲《せっけん》したITバブルに引っかかることはありませんでした。

そのバフェットは、斜陽産業と見られていたアメリカの鉄道網を買い取りました。アメリカは世界有数の自動車社会ですが、彼は地球温暖化対策でガソリン車の時代ではなくなり、それに代わって脚光を浴びるのは鉄道だと考えたのです。

もし中国が安い自動車をたくさん作ってアメリカに輸出するようになったら、将来アメリカの自動車市場が中国に席捲される可能性がある。しかし、中国が鉄道をアメリカに作るということは、あまり考えられないでしょう。だから鉄道網は中国を寄せ付けず、これから発展できる。バフェットは、そうした産業の大きな構造の変化を自分の判断で読み解いていくのです。

その典型的な例が、二〇〇八年のリーマン・ショックです。あのとき、ゴールドマン・サックスをはじめとする名だたる投資銀行の株価が大暴落しました。

ところがバフェットは、「アメリカ経済は健全で強いから絶対に復活する」といって、ゴールドマン・サックスの株を一番の底値で買い集めました。その後、ゴールドマン・サックスは復活。見る見る株価が上がり、バフェットはとてつもない利益を上げました。

みんなが、これはだめだと思ったときに逆張りをして、これまでことごとく成功してきています。

彼が「投資の神様」と呼ばれるのは、常に投資で勝ち続けているからです。どんな人も会社も、投資で勝ち続けることは不可能だと思われてきました。ところが、その常識を彼は破ったのです。

そしてルパート・マードック。もともとは父親から受け継いだオーストラリアの小さな新聞社の社長に過ぎなかったのですが、いくつもの新聞社を買収してまたたく間に「メディア王」と呼ばれるようになりました。

マードックの場合、インターネット時代において斜陽になりつつあると思われていた新聞やテレビといった旧メディアを買収していくのですが、そこで彼が行ったのは、メディアの大衆化です。

彼が経営に関わることによって、イギリスの高級紙「タイムズ」は大衆路線の色彩が濃くなりました。アメリカの「ウォール・ストリート・ジャーナル」も、従来は一面に絶対写真は使わなかったのが、いまではカラー写真がたくさん載るようになり、読みやすくなりました。おまけにライバルの「ニューヨーク・タイムズ」を意識して、ニューヨークの街の情報を入れるようになりました。それまでの「ウォール・ストリート・ジャーナル」は、名前のとおり、経済の話しか取り上げなかったのに、街の話題も扱うようになったのです。

マードックのこうした大衆化路線は、一方ではポピュリズムに陥るという危険な部分もあるのですが、新聞のひとつの生き残り方ではあるわけで、それが大変な影響力を持つに至りました。

さらに彼が始めたFOXニュースは、まるで共和党の御用放送局の様相を呈していますが、アメリカにドナルド・トランプ大統領を誕生させる原動力となりました。

本書は、アマゾンやグーグルの創業者をはじめ、世界を変えた経済人にスポットを当てているのですが、執筆の途中でトランプ大統領が誕生しました。彼は「政治家」に分類するべきなのかもしれませんが、彼の政治スタイルは、明らかに「イデオロギーなきビジネスマン」です。そこで経済人編に入れることにしました。

アメリカにトランプ旋風を巻き起こしたひとつの背景には、アメリカ社会の急激な右傾化があります。それを支えているのが、大富豪のコーク兄弟です。莫大な資金を投じて世論を変える。いわば「世論を買い取る」のです。金があれば、思想も買い取ることができる。衝撃的な現実が、いま私たちの前に生まれているのです。コーク兄弟もまた、世界を変えたのです。

これがアメリカのダイナミズムであり、危ういところでもあります。世界はどこへ向かうのか。つい考え込んでしまいます。

本書は、集英社のPR誌「青春と読書」の二〇一六年九月号から二〇一七年六月号に連載したものをまとめたものです。連載中も書籍にするに当たっても、集英社新書編集部の落合勝人さんにお世話になりました。

二〇一七年六月

ジャーナリスト　池上　彰

主要参考文献

第一章

王利芬、李翔著、鄭重、祖沁澄訳『Ａｌｉｂａｂａ　アリババの野望――世界最大級の「ＩＴの巨人」ジャック・マーの見る未来』ＫＡＤＯＫＡＷＡ、二〇一五年
張剛著、永井麻生子、王蓉美、王彩麗訳『アリババ帝国――ネットで世界を制するジャック・マーの挑戦』東洋経済新報社、二〇一〇年

第二章

今井澂、山川清弘『世界のメディア王 マードックの謎』東洋経済新報社、一九九八年
ウィリアム・ショークロス著、仙名紀訳『マードック――世界のメディアを支配する男』文藝春秋、一九九八年
サラ・エリソン著、土方奈美訳『ウォール・ストリート・ジャーナル陥落の内幕――なぜ世界屈指の高級紙はメディア王マードックに身売りしたのか』プレジデント社、二〇一一年
ジェローム・トッチリー著、仙名紀訳『マードック――世界制覇をめざすマスコミ王』ダイヤモンド社、一九九〇年
桂敬一『メディア王マードック上陸の衝撃』岩波ブックレット、一九九六年

第三章
アリス・シュローダー著、伏見威蕃訳『スノーボール――ウォーレン・バフェット伝』上中下巻、改訂新版、日経ビジネス人文庫、二〇一四年
牧野洋『最強の投資家　バフェット』日経ビジネス人文庫、二〇〇五年
ローレンス・A・カニンガム著、長尾慎太郎監修、増沢浩一ほか訳『バフェットからの手紙――世界一の投資家が見たこれから伸びる会社、滅びる会社』第四版、パンローリング、二〇一六年

第四章
小出重幸『夢は必ずかなう――物語　素顔のビル・ゲイツ』中央公論新社、二〇〇五年
デーヴィッド・マーシャル著、常盤新平訳『マイクロソフト――ビル・ゲイツ』世界を変えた6人の企業家1、岩崎書店、一九九七年
デス・ディアラブ著、宮崎伸治訳『ビル・ゲイツの未来哲学――技術力・創造力・経営力に終わりはない』ＰＨＰ研究所、二〇〇〇年
脇英世『ビル・ゲイツの野望――マイクロソフトのマルチメディア戦略』講談社、一九九四年

第五章
桑原晃弥『ジェフ・ベゾス――アマゾンをつくった仕事術』講談社、二〇一四年
ジェニファー・ランドー著、スタジオアラフ訳、中村伊知哉監修『Ａｍａｚｏｎをつくったジェフ・ベゾ

ス』時代をきりひらくＩＴ企業と創設者たち４、岩崎書店、二〇一三年
ブラッド・ストーン著、井口耕二訳、滑川海彦解説『ジェフ・ベゾス　果てなき野望――アマゾンを創った無敵の奇才経営者』日経ＢＰ社、二〇一四年
リチャード・ブラント著、井口耕二訳、滑川海彦解説『ワンクリック――ジェフ・ベゾス率いるＡｍａｚｏｎの隆盛』日経ＢＰ社、二〇一二年

第六章

佐藤伸行『ドナルド・トランプ――劇画化するアメリカと世界の悪夢』文春新書、二〇一六年
ドナルド・トランプ、トニー・シュウォーツ著、相原真理子訳『トランプ自伝――不動産王にビジネスを学ぶ』ちくま文庫、二〇〇八年
ドナルド・Ｊ・トランプ著、岩下慶一訳『ＴＨＥ　ＴＲＵＭＰ――傷ついたアメリカ、最強の切り札』ワニブックス、二〇一六年
マイケル・ダントニオ著、高取芳彦、吉川南訳、渡辺靖解説『熱狂の王　ドナルド・トランプ』インプレス、二〇一六年
読売新聞国際部『トランプ劇場』中央公論新社、二〇一六年
ワシントン・ポスト取材班ほか著、野中香方子ほか訳『トランプ』文藝春秋、二〇一六年

第七章

エカテリーナ・ウォルター著、斎藤栄一郎訳『THINK LIKE ZUCK――マーク・ザッカーバーグの思考法』講談社、二〇一四年
桑原晃弥『マーク・ザッカーバーグ 史上最速の仕事術』ソフトバンク クリエイティブ、二〇一一年
スーザン・ドビニク著、熊谷玲美訳、熊坂仁美監修『Facebookをつくったマーク・ザッカーバーグ』時代をきりひらくIT企業と創設者たち1、岩崎書店、二〇一三年
ベン・メズリック著、夏目大訳『facebook――世界最大のSNSでビル・ゲイツに迫る男』青志社、二〇一〇年

第八章

エリック・シュミット、ジャレッド・コーエン著、櫻井祐子訳『第五の権力――Googleには見えている未来』ダイヤモンド社、二〇一四年
エリック・シュミット、ジョナサン・ローゼンバーグ、アラン・イーグル著、土方奈美訳『How Google Works――私たちの働き方とマネジメント』日本経済新聞出版社、二〇一四年
佐々木俊尚『グーグル Google――既存のビジネスを破壊する』文春新書、二〇〇六年
ジョージ・ビーム編、林信行監訳・解説『Google Boys――グーグルをつくった男たちが「10年後」を教えてくれる』三笠書房、二〇一四年
スティーブン・レヴィ著、仲達志、池村千秋訳『グーグル ネット覇者の真実――追われる立場から追う立場へ』阪急コミュニケーションズ、二〇一一年

ケン・オーレッタ著、土方奈美訳『グーグル秘録』文春文庫、二〇一三年
フレッド・ボーゲルスタイン著、依田卓巳訳『アップルvs.グーグル――どちらが世界を支配するのか』新潮文庫、二〇一六年

第九章

ジェイン・メイヤー著、伏見威蕃訳『ダーク・マネー――巧妙に洗脳される米国民』東洋経済新報社、二〇一七年
ダニエル・シュルマン著、古村治彦訳『アメリカの真の支配者 コーク一族』講談社、二〇一五年
チャールズ・G・コーク著、長尾慎太郎監修、山下恵美子訳『市場ベースの経営――価値創造企業コーク・インダストリーズの真実』パンローリング、二〇一六年

初出　「青春と読書」二〇一六年九月号～二〇一七年六月号
連載時タイトル「世界を動かす巨人たち〔経済人編〕」

池上 彰（いけがみ あきら）

一九五〇年、長野県生まれ。ジャーナリスト、名城大学教授、東京工業大学特命教授。七三年、慶應義塾大学卒業後、NHK入局。九四年から一一年間、「週刊こどもニュース」のお父さん役として活躍。二〇〇五年よりフリーに。著書に『伝える力』『そうだったのか! 現代史』『知らないと恥をかく世界の大問題』『おとなの教養』『世界を動かす巨人たち〈政治家編〉』ほか多数。

世《せ》界《かい》を動《うご》かす巨《きょ》人《じん》たち〈経《けい》済《ざい》人《じん》編《へん》〉

二〇一七年七月一九日 第一刷発行

集英社新書〇八八九A

著者……池上《いけがみ》彰《あきら》

発行者……茨木政彦

発行所……株式会社集英社

東京都千代田区一ツ橋二-五-一〇 郵便番号一〇一-八〇五〇

電話 〇三-三二三〇-六三九一（編集部）
〇三-三二三〇-六〇八〇（読者係）
〇三-三二三〇-六三九三（販売部）書店専用

装幀……原 研哉

印刷所……大日本印刷株式会社 凸版印刷株式会社

製本所……加藤製本株式会社

定価はカバーに表示してあります。

ISBN 978-4-08-720889-4 C0233

Printed in Japan

a pilot of wisdom

集英社新書　好評既刊

政治・経済――A

世界を戦争に導くグローバリズム　中野剛志
誰が「知」を独占するのか　福井健策
儲かる農業論 エネルギー兼業農家のすすめ　金子勝／武本俊彦
国家と秘密 隠される公文書　久保亨／瀬畑源
秘密保護法―社会はどう変わるのか　宇都宮健児／堀敏明／足立昌勝／林克明
沈みゆく大国 アメリカ　堤未果
亡国の集団的自衛権　柳澤協二
資本主義の克服「共有論」で社会を変える　金子勝
沈みゆく大国 アメリカ〈逃げ切れ！ 日本の医療〉　堤未果
「朝日新聞」問題　徳山喜雄
丸山眞男と田中角栄「戦後民主主義」の逆襲　佐高信／早野透
英語化は愚民化 日本の国力が地に落ちる　施光恒
宇沢弘文のメッセージ　大塚信一
経済的徴兵制　布施祐仁
国家戦略特区の正体 外資に売られる日本　郭洋春
愛国と信仰の構造 全体主義はよみがえるのか　中島岳志／島薗進
イスラームとの講和 文明の共存をめざして　内藤正典／中田考

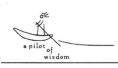

「憲法改正」の真実　樋口陽一／小林節
世界を動かす巨人たち〈政治家編〉　池上彰
安倍官邸とテレビ　砂川浩慶
普天間・辺野古 歪められた二〇年　宮城大蔵／渡辺豪
イランの野望 浮上する「シーア派大国」　鵜塚健
自民党と創価学会　佐高信
世界「最終」戦争論 近代の終焉を超えて　内田樹／姜尚中
日本会議 戦前回帰への情念　山崎雅弘
不平等をめぐる戦争 グローバル税制は可能か？　上村雄彦
中央銀行は持ちこたえられるか　河村小百合
近代天皇論 ――「神聖」か、「象徴」か　片山杜秀／島薗進
地方議会を再生する　相川俊英
ビッグデータの支配とプライバシー危機　宮下紘
スノーデン 日本への警告　エドワード・スノーデン／青木理 ほか
閉じてゆく帝国と逆説の21世紀経済　水野和夫
新・日米安保論　柳澤協二／伊勢﨑賢治／加藤朗
グローバリズム その先の悲劇に備えよ　中野剛志／柴山桂太

a pilot of wisdom

集英社新書　好評既刊

列島縦断「幻の名城」を訪ねて
山名美和子　0879-D

今は遺構のみの城址を歩き、歴史に思いをはせる。観光用の城にはない味わいを愉しむ、全国の名城四八選。

大予言「歴史の尺度」が示す未来
吉見俊哉　0880-D

歴史は二五年ごとに変化してきた。この尺度を拡張して時代を捉え直せば、今後の世界の道筋が見えてくる。

サハラ砂漠　塩の道をゆく〈ヴィジュアル版〉
片平　孝　042-V

西アフリカ内陸にあった伝説の〝黄金都市〟を繁栄させ、今も続く塩の交易に密着した命がけの記録。

敗者の想像力
加藤典洋　0882-B

『敗戦後論』から二〇年、敗戦国・日本が育んだ「想像力」を切り口に二一世紀を占う新たな戦後論。

閉じてゆく帝国と逆説の21世紀経済
水野和夫　0883-A

資本主義の終焉という大転換期の羅針盤。生き残るのは「閉じた経済圏」を確立した「帝国」だけだ！

新・日米安保論
柳澤協二／伊勢﨑賢治／加藤　朗　0884-A

トランプ政権の迷走で改めて問われる日米安保体制。従属的同盟関係をどうすべきか、専門家が徹底討論。

産業医が見る過労自殺企業の内側
大室正志　0885-I

過労自殺する社員はどんなタイプか、自殺に追い込む会社の問題点は何か？　産業医が原因と対処法を解説。

グローバリズム　その先の悲劇に備えよ
中野剛志／柴山桂太　0886-A

グローバル化が終わった後の世界と日本はどうなる？　文明の危機の本質に気鋭の論客二人が切り込む。

ダメなときほど「言葉」を磨こう
萩本欽一　0887-C

コメディアンとして長年「言葉」を磨き、幸運を手にしてきたという著者が初めて語る人生哲学の集大成！

いちまいの絵　生きているうちに見るべき名画
原田マハ　0888-F

アート小説の旗手が、自身の作家人生に影響を与えた美術史上に輝く絵画二六点を厳選し、その思いを綴る。

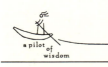